LE COMPLEXE
DE LA MARÂTRE

CATHERINE AUDIBERT

LE COMPLEXE DE LA MARÂTRE

Être belle-mère dans une famille recomposée

Illustrations de l'auteur

PAYOT

106, boulevard Saint-Germain, 75006 Paris

À Hervé,
et à NOS enfants.

REMERCIEMENTS

Je remercie chaleureusement les femmes qui ont eu la générosité de me confier leurs sentiments.

Si d'aventure quelqu'un pensait se reconnaître dans ces lignes, qu'il n'en ressente pas de peine : c'est aussi en partageant ses éprouvés que l'on grandit, et que les histoires progressent ; celles-ci, déjà anciennes et pourtant toujours en construction, sont toutes aujourd'hui de très belles histoires, encore pleines de promesses...

À l'adolescence, je partis pour la première fois en vacances avec une amie. Je ne sais plus laquelle de nous deux eut cette idée de nous réinventer une famille pour les nouvelles rencontres que nous allions faire. Ainsi, nous devinrent sœurs, l'espace d'un été. Nous aurions pu en rester là, mais nous imaginâmes être nées de même père et de mères différentes. Nous avions aussi des demi-frères, et tout le monde s'entendait magnifiquement dans ce cercle original pour l'époque, qui étonnait d'ailleurs tous nos interlocuteurs et nous rendait sans doute plus intéressantes.

L'idéal que je m'étais créé était donc à l'image d'une famille recomposée.

Des années plus tard, je compris comment j'avais pu provoquer moi-même mon destin.

Complexe. Au sens où Freud l'a employé pour désigner notamment le complexe d'Œdipe, un complexe renvoie à « une structure fondamentale des relations interpersonnelles et la façon dont la personne y trouve sa place et se l'approprie[1] ».

Le complexe de la marâtre désignera donc le travail psychique qu'une femme doit accomplir pour trouver et s'approprier sa place dans la nouvelle configuration familiale imposée par son alliance avec un homme ayant déjà un ou plusieurs enfants d'une précédente union.

Marâtre. Le *Robert de la langue française* en donne la définition suivante :

« 1) Femme du père, par rapport aux enfants qu'il a eus d'un premier mariage. Belle-mère. 2) Mère dénaturée, mauvaise mère. »

Que l'on soit belle-mère ou mère, la marâtre est le miroir de la « mauvaise » mère (par opposition à la « bonne ») dans lequel se reflètent celle que l'on est soi-même, celle qui nous a mis au monde, et toute autre mère, puisqu'aucune n'est assez parfaite pour ne jamais inspirer de sentiments négatifs.

---

1. J. Laplanche, J.-B. Pontalis, *Vocabulaire de la psychanalyse*, Paris, PUF, 1967.

INTRODUCTION

Alors que Cendrillon frottait le sol, obéissant aux ordres de sa marâtre sous les rires et les quolibets de ses deux demi-sœurs, Blanche-Neige croquait la pomme empoisonnée que la méchante épouse de son père lui tendait afin d'éliminer la rivale que la jeune beauté promettait d'être en devenant une femme. Quant à Hansel et Gretel, les pauvres enfants étaient perdus dans la forêt selon les vœux de leur belle-mère.

Dans les mythes de notre enfance, une marâtre, même nommée plus gentiment « belle-mère », ne peut être que mauvaise, jalouse, autoritaire, injuste, affreuse. Et comme tout conte porte en lui une morale, cette « sorcière » finit toujours, après avoir causé bien du mal à d'innocentes créatures, par être détruite. Justice est faite. La bonne mère est conservée intacte dans l'âme enfantine, tandis que la mauvaise est éliminée.

Quand la vie les invite à tenir le rôle de

marâtre, les femmes sont d'emblée coupables des méfaits perpétrés par cette figure singulière de la littérature enfantine. À grands coups de séduction, de tolérance, de gâteries, elles cherchent alors à casser cette image qui leur colle à la peau, non seulement parce qu'elles l'ont intégrée, mais aussi parce que les contes faisant partie de l'imaginaire collectif, les autres la leur renvoient. Cependant, rien n'y fait. Le mythe est trop persistant.

Le Complexe de la marâtre se veut l'écho de nombreux échanges d'expériences partagées. Il rend compte des difficultés, et parfois des souffrances, de femmes soumises à un rôle qui leur a été assigné un jour par le destin et qui ne cesse de les interroger. Si jadis on était belle-mère par veuvage, aujourd'hui une nouvelle place semble à trouver dans un paysage familial recomposé, notamment quand les pères se voient confier leurs enfants à temps complet, ou lorsqu'ils en ont la garde alternée. Cohabiter, voire élever les enfants d'un autre couple : la tâche est de taille et certaines « nouvelles marâtres » peuvent se décourager. Devant le vide juridique, les familles recomposées, de plus en plus nombreuses, vont comme elles peuvent, d'expérience en expérience, contraintes de créer elles-mêmes les réponses aux questions qu'elles se posent. Certaines y arrivent tant bien que mal, mais d'autres pas.

Que se passe-t-il pour ces femmes, en ces femmes, ces mères qui ne sont ni de sang, ni adoptives ? Quel travail psychique sont-elles amenées à faire pour vivre une telle « maternité » ?

Ce livre leur donne la parole[1]. Il raconte leurs histoires, des histoires d'amour et de haine, de patience, de générosité, de souffrances, de lassitude aussi. En somme, des vies de mères qui n'ont pas mis au monde tous les enfants qu'elles nourrissent et qui témoignent, avec sincérité, de la construction de la place à laquelle elles ont droit, à un moment de leur histoire où leur sensibilité personnelle entre en tension avec le rôle qu'il leur incombe de tenir.

---

1. Curieusement, il existe très peu d'écrits psychanalytiques sur les marâtres. Voir D. W. Winnicott, « À l'intention des belles-mères et des beaux-pères », in *Conseils aux parents*, Paris, Payot, 1995 ; H. Deutsch, « Les belles-mères », in *La Psychologie des femmes*, Paris, PUF, 1987 ; B. Bettelheim, « Le fantasme de la méchante marâtre », in *Psychanalyse des contes de fées*, Paris, Robert Laffont, 1976 ; H. David, V. Laflamme, « La femme a-mère : maternité psychique de la marâtre », *Revue française de Psychanalyse*, LXVI, 2002.

CHAPITRE PREMIER

Apprivoisements

La rencontre

Lorsqu'elle découvre les contes, la petite fille rêve qu'elle est princesse. Aucune femme n'a rêvé un jour d'être marâtre. Cette place, on la lui impose. Elle ne l'a jamais imaginée, ne se l'est jamais représentée. Il lui faudra donc improviser.

Une femme aime un homme. S'il a déjà des enfants, soit elle les accepte, soit elle renonce à l'homme – à moins que ce soit l'homme qui renonce à ses propres enfants pour sa nouvelle compagne[1]... Certes, au

1. Le cas de figure le plus courant dans les contes est, au contraire, celui des retrouvailles du père et des enfants (et, souvent, du père et de la fille), une fois débarrassés de la marâtre. On montre ainsi combien celle-ci peut incarner l'empêcheuse de vivre le plaisir d'être ensemble lorsqu'elle s'interpose entre

départ, le choix ne se formule pas aussi clairement et les femmes savent rarement dans quelle aventure elles s'engagent. Elles se laissent plutôt porter par le courant, bercées par des illusions qui leur évitent de penser que recréer une famille avec des êtres qui en ont déjà une annonce un véritable combat.

Jeanne[1] était comme les autres : jamais elle n'aurait cru qu'un jour elle serait belle-mère. Cela faisait six ans qu'elle vivait seule avec Niels, son fils. Celui-ci voyait son père très régulièrement, ce qui laissait à la jeune

---

eux. En d'autres termes, elle vient incarner dans ces nouvelles familles l'interdit de l'inceste entre père et enfants.

1. Jeanne est la mère de deux fils : Niels, né d'une première union ; et Émile, né de son nouveau couple avec François. Elle est également belle-mère : à temps complet, d'une fille, Marine, née du précédent mariage de François ; et le week-end, d'un garçon, Pierre, né d'une union éphémère entre François et une femme avec laquelle il n'a jamais vécu (Pierre n'a été connu de François et de Jeanne que lorsqu'il avait déjà onze ans). François est aussi le beau-père de Joseph, fils de sa première épouse, que le nouveau couple a continué de prendre les week-ends et une partie des vacances pendant plusieurs années pour ne pas séparer Marine de son demi-frère.

Les familles recomposées étant parfois complexes, le lecteur trouvera en fin d'ouvrage, sous une

femme une liberté qui lui semblait vitale. Elle commençait cependant à entrer dans une période de sa vie où le besoin de stabilité, le désir de vivre une vie de famille avaient mûri. Sa rencontre avec François vint concrétiser ce désir.

François était séparé. Son couple n'avait pas survécu à la naissance de Marine : la rupture était intervenue lorsque le bébé n'avait que trois mois. Cette petite fille qui, à l'époque de leur rencontre, était âgée de deux ans et demi, n'avait pas encore vraiment d'existence aux yeux de Jeanne. Les deux amants vivaient leur histoire d'amour au jour le jour. Évoluant dans la même sphère professionnelle, ils avaient l'occasion de se voir souvent. S'il leur arrivait de passer des week-ends ensemble avec les enfants, ces moments étaient plutôt vécus, alors, comme des parenthèses dans le rythme qui commençait à s'installer entre eux.

Jeanne ne se sentait nullement impliquée dans les soins que François apportait à sa fille, même si elle le voyait maladroit ou négligent à certains endroits. Marine ne l'attirait pas. Lorsque la fillette montait sur ses genoux, son odeur lui était étran-

---

forme graphique, un aperçu synthétique de chacune des familles dont il va être question dans ce livre.

gère. Jeanne la laissait s'approcher, mais elle n'allait pas chercher auprès d'elle des câlins.

Marine n'était pas non plus perçue comme une menace par Jeanne – du moins, pas encore. L'état amoureux qui les portait, qui les transcendait, François et elle, leur permettait de croire qu'ils seraient en mesure d'aimer tout le monde autour d'eux, et que tout le monde s'aimerait.

L'intruse

La plupart des divorces et des remariages interviennent alors que les enfants, encore jeunes, sont en pleine construction de leur identité, ou bien alors que, adolescents, ils vivent, à l'épreuve de la puberté, une réactualisation des conflits psychiques. Ces enfants qui, dans le développement ordinaire, traversent des remous œdipiens, peuvent être perturbés par la séparation de leurs parents lorsqu'ils ont fantasmé « se débarrasser » de l'un ou de l'autre par amour pour le parent de sexe opposé. Voir son père désirer une autre femme peut alors, dans certains cas, soulager l'enfant du poids de sa culpabilité, et dans d'autres le mettre en situation de rivalité intense avec la marâtre.

Les petites ou jeunes filles, surtout lorsqu'elles ont eu le temps de prendre certaines habitudes auprès du père en l'absence de leur mère, peuvent s'avérer redoutables. Pendant six mois, Angèle, douze ans, fille de Jean-Louis, refusa de rencontrer Marie-Laure[1], la nouvelle compagne de celui-ci. Jean-Louis en fut malheureux. Ce refus, il le prenait aussi pour lui. Sa fille, pensait-il, le rejetait. Comme il éprouvait à l'époque un immense sentiment de culpabilité, Angèle avait l'avantage.

Marie-Laure ne força pas la rencontre, elle attendit. Un jour, Jean-Louis amena sa fille à la maison en l'absence de la jeune femme, qui se trouvait en déplacement à l'étranger. Ce fut décisif : Angèle manifesta enfin le désir de rencontrer sa future belle-mère. Elles firent connaissance au retour de cette dernière : Angèle et son père vinrent la chercher à l'aéroport et c'est une petite fille ravie qui, à cet instant, l'accueillit d'un vrai sourire chaleureux. Marie-Laure, pré-

1. Marie-Laure est la mère d'un garçon, Simon, et d'une fille, Anna, nés d'un précédent mariage. Elle est également la belle-mère en garde alternée d'Angèle, Corentin et Maxime, les enfants du précédent mariage de Jean-Louis. Elle est enfin la mère d'un petit garçon, Félix, né du nouveau couple.

venue, lui avait préparé un petit présent qui toucha beaucoup l'enfant.

Marine, quant à elle, était là avant Jeanne, c'est indéniable. Bien que très jeune – à peine trois ans –, l'enfant le savait parfaitement. Et elle s'en servait autant qu'elle pouvait. Leurs premières rencontres furent une suite de petites mises à l'épreuve pour la jeune femme. Il ne fallait pas faire d'impair : Jeanne en était certaine, Marine ne la « louperait » pas.

Un jour, Jeanne lui demanda de ne pas s'approcher du bord de la piscine, parce qu'elle ne savait pas nager. La fillette la nargua, faisant un pas, puis un autre, testant du regard à quel moment Jeanne allait réagir. Imperturbable, celle-ci se contentait de menacer, mais toutes deux savaient que François n'était pas encore prêt à tolérer que quiconque fasse des remontrances à sa fille, même justifiées par un enjeu aussi important que la noyade. Bien sûr, Jeanne se tenait prête à intervenir quand Marine se serait trop approchée de l'eau, mais elle avait au fond d'elle-même la conviction que la fillette savait exactement jusqu'où elle pouvait aller pour ne pas se mettre en danger.

Pour Marine, ce fut là l'occasion d'un bras de fer avec la nouvelle femme de son père. « D'abord, tu n'as rien à me dire, tu n'es pas chez toi, tu n'es pas ma mère, semblait-elle lui dire à demi-mot. D'ailleurs, j'étais là avant toi. Des comme toi, j'en ai viré plus d'une, tu ne me fais pas peur. » Voilà ce que Jeanne entendait derrière les paroles de la fillette. Le fait est que, jusqu'alors, François avait toujours rompu avec les femmes qui n'entretenaient pas des relations à son goût avec sa fille.

Il fallait donc être ni trop, ni trop peu. Faire ce que font les mères ordinairement, mais surtout ne pas laisser penser qu'on se prenait pour la mère.

Alliée ou rivale ?

La complicité s'installe-t-elle plus facilement entre un garçon et la nouvelle femme ? Peut-être, mais ce n'est pas la règle. Chez la fille ou le garçon, des sentiments très ambivalents peuvent coexister vis-à-vis de la belle-mère : la séduire, s'en faire une alliée, mais aussi, dans le même temps, la haïr parce qu'elle prend une place que l'enfant pouvait espérer voir récupérée par sa propre mère[1]. À cela il doit renoncer, maintenant que la « nouvelle » est là.

---

1. Dans *Éloge de la marâtre*, de Mario Vargas

Tout dépend finalement de la manière dont l'enfant a pu faire le deuil du couple parental en tant que tel : a-t-il renoncé à vouloir son père et sa mère réunis ? Tout dépend aussi de la façon dont le parent de sexe opposé est investi par l'enfant. Corrélativement, il importe de savoir si cette relation permet l'ouverture à une tierce personne (l'autre parent) d'abord, puis à une quatrième (la belle-mère en l'occurrence), ou si elle reste fermée sur l'exclusivité. En effet, lorsque l'enfant n'a pas d'autres référents que ses parents, il est difficile qu'une personne « étrangère » puisse s'immiscer dans sa vie. Et si la mère a occupé une place trop prépondérante, au détriment du père qui, lui, n'assumait qu'une « fonction annexe », la relation entre l'enfant et sa belle-mère est barrée d'avance.

Le sentiment d'appartenance de certaines mères ne laisse aucune place à quiconque auprès de l'enfant qui puisse rivaliser avec la leur, ou la remettre en question. L'enfant adhère à la conviction de sa mère : elle seule est en mesure de l'aimer et l'éduquer. Dans ce cas, apprécier la belle-mère équivaut pour l'enfant à déprécier sa propre

---

Llosa, le jeune Alfonso joue de sa fausse innocence pour séduire sa belle-mère et la conduire au bannissement par le père.

mère – d'autant plus quand celle-ci est restée blessée par la séparation –, ce que l'enfant ne peut s'autoriser à lui faire ressentir.

Les rapports de Nathalie[1] avec Loïc et Martial, ses beaux-enfants, sont simples, et cela tient peut-être, pense-t-elle, au fait que ce sont des garçons : entre eux et elle, il n'y a pas d'esprit de rivalité. Jeanne partage ce point de vue, car avec Pierre, l'autre enfant de François, ce fut totalement différent d'avec Marine. D'abord parce que François et Jeanne ont presque simultanément fait sa connaissance : Pierre avait déjà onze ans[2] et, même s'il était le fils biologique de François, le père et la belle-mère durent accomplir le même trajet de découverte. Ensuite parce que le garçon n'effrayait pas Jeanne. Il se montra tout de suite charmant, attentionné, affectueux. Jeanne n'était pas

1. Nathalie est la mère d'un garçon, Renaud, né de son précédent mariage et vivant chez son père. Elle est la belle-mère à temps complet de Loïc et Martial, les enfants de la première union de Jean-Paul. Et elle est la mère d'un petit garçon, Pablo, né du nouveau couple.

2. Dès le début de leur relation, François avait tenu Jeanne informée de l'existence d'un enfant dont il était le père mais qu'il ne connaissait pas, sachant néanmoins qu'un jour cet enfant se manifesterait certainement.

habituée à être considérée ainsi, c'était très agréable. Mais elle reconnaît n'avoir pas non plus le même rôle avec lui qu'avec Marine. Elle est attentive à son bien-être quand il est parmi eux, mais elle n'est pas en position de participer à son éducation. Elle assume juste à son niveau les moments de vie commune. C'est sans comparaison avec le rôle et la place qu'elle a eus à tenir auprès de Marine. Et plus reposant, sans aucun doute. Jeanne laisse Pierre se familiariser petit à petit, en ne forçant rien, en restant naturelle. Elle n'a peur ni de lui faire des compliments ni de lui faire des remarques. Elle n'a pas de sentiment de culpabilité en ce qui le concerne : elle ne prend la place de personne.

Tout autre est le cas de Caroline [1]. Lorsque Jacques annonça à ses enfants, Pauline et Stéphane, presque adolescents à l'époque, la vraie nature de la relation qu'il entretenait avec la jeune femme, le garçon fut dur, tandis que la fille se montra positive : son père, disait-elle, avait raison de prendre une femme plus jeune et plus jolie. Caroline n'a ainsi jamais senti Pauline en rivalité avec

1. Caroline est belle-mère en garde alternée d'une fille, Pauline, et d'un garçon, Stéphane, nés du premier mariage de Jacques. Elle est également mère d'un petit garçon, Arthur, né du nouveau couple.

elle malgré les vingt ans qui la séparent de Jacques. Elle s'est d'ailleurs montrée dès le début très attentive à l'adolescente. Caroline trouvait que Jacques n'était pas juste avec sa fille, et elle chercha à compenser. Pauline considéra tout de suite sa nouvelle belle-mère comme une alliée plutôt qu'une rivale. Stéphane en déduisit que Caroline l'aimait moins et la relation avec le garçon fut donc plus difficile à installer.

Désillusions

Fille ou garçon, l'enfant, comme tous les enfants, s'invente à un moment donné des parents formidables, imaginaires, qui viennent atténuer la triste réalité de sa condition face à des parents ordinaires, qui sont les siens, dont il prend conscience des défauts, alors que plus petit il les avait toujours magnifiés[1].

Lorsque la belle-mère débarque dans le cercle familial, c'est l'occasion rêvée pour l'enfant de trouver en elle, en sa personne

1. C'est ce que Freud appelle le roman familial : tout enfant traverse une période où il fantasme qu'il n'est pas l'enfant de ces parents-là, ayant été par exemple trouvé ou adopté, les vrais parents prenant figure d'imposteurs pendant un certain temps.

réelle, de quoi canaliser toutes ses déceptions, afin de garder en lui l'image d'une mère magnifique. De cette manière, il n'a pas à vivre l'ambivalence des sentiments que les enfants ressentent vis-à-vis d'une seule et même personne qui, même avec beaucoup d'amour, les confronte à la réalité de l'existence, avec ses frustrations, ses limites, ses vicissitudes. Il y a maintenant la bonne mère et la méchante marâtre – l'intruse[1].

Les premiers moments de vie commune – souvent lors des vacances – sont alors l'occasion de se connaître, de s'apprivoiser et, pour la belle-mère, de marquer sa place, de trouver son rôle. Mais ce sont aussi, la plupart du temps, des moments de désillusion où l'on prend conscience de l'ampleur de la difficulté, et du trouble des places.

Les premières vacances passées ensemble ont été très éprouvantes pour Nathalie. Elle

---

1. Imaginer grâce aux contes la scission de la mère en deux, une bonne et une mauvaise, est bénéfique pour l'enfant en développement : cela atténue ses sentiments de culpabilité lorsqu'il éprouve de la colère ou de l'agressivité envers elle. Mais quand l'image de la mère est véritablement incarnée par deux femmes, cette scission peut être génératrice de perturbations pour l'enfant, car cela l'empêche de vivre des sentiments d'ambivalence vis-à-vis d'une même personne, ce qui est nécessaire à tout un chacun.

voulait faire sa valise, car Jean-Paul avait vraiment du mal à s'engager. Il désirait une relation, mais il avait encore sa carapace pour ne pas souffrir. Il faisait donc un pas en avant, deux en arrière.

Jeanne, de son côté, garde également le souvenir d'une épreuve. Elle connaissait François depuis seulement quelques mois lorsqu'ils partirent en vacances avec les enfants : Joseph (sept ans), le beau-fils de François, Marine (trois ans), sa fille, et Niels (neuf ans), le fils de Jeanne. Jeanne ne savait comment entrer en contact avec ces enfants. Elle n'avait d'ailleurs jamais su s'y prendre avec les enfants en général. Elle comptait sur l'amitié qui naîtrait forcément entre les garçons puisqu'ils avaient presque le même âge. Cela lui aurait facilité la tâche, et elle aurait alors pu tenter de retrouver les gestes qu'on a avec un petit enfant auprès de Marine. Mais rien ne se passa comme elle l'imaginait.

Les garçons ne s'entendaient pas, ils étaient en rivalité. François était très protecteur vis-à-vis de Joseph[1] : il avait toujours peur qu'il souffre, qu'il se sente à part car ils n'étaient ses parents ni l'un ni l'autre.

1. Joseph est, rappelons-le, le demi-frère de Marine du côté maternel...

Il anticipait les blessures que Joseph aurait pu avoir en se confrontant à un autre garçon, ne lui laissant jamais l'occasion de se défendre seul.

De plus, par besoin d'exclusivité, François s'interposait souvent entre Niels et Jeanne, ce qui la troublait beaucoup. Elle avait toujours eu le sentiment d'être une de ces mères qui ne se sont jamais crues importantes pour leur enfant, et Niels et elle en souffraient chacun à sa façon. Et voilà que François l'éloignait encore un peu plus de son fils, pour leur soi-disant bien, au lieu de l'aider à réparer ce dont ils avaient manqué tous les deux !

Elle avait l'impression que tout était injuste dans les rapports que les uns entretenaient avec les autres, tout était faux, comme décalé dans le temps. En réalité, tout était à trouver, mais à l'époque ils n'en avaient pas encore conscience.

Ce fut un stress énorme. À la fin des vacances, Jeanne voulut retourner à sa vie d'avant. Finalement, elle resta. Elle ne sait toujours pas pourquoi, treize ans après. Peut-être par défi, par amour, ou bien les deux...

L'absence

Après cette expérience initiatique de vie commune, lorsque les enfants retournent chez leur mère ou vont passer des vacances avec elle, le jeune couple, à nouveau seul, n'est plus le même. Il y a un « avant » et un « après » cette épreuve que découvre la toute nouvelle belle-mère, car le manque ressenti par le père en l'absence de ses enfants vient troubler la joie des retrouvailles du couple enfin face à lui-même. Ce couple-là n'est finalement jamais « seul » : malgré l'éloignement des enfants, le souci les concernant est présent et le parent ne peut s'y soustraire totalement, du moins tant que rien n'est installé dans le jeu des places et des rôles.

Nathalie repense avec amertume à ces moments « d'après », lorsqu'il fallait déposer les garçons chez leur mère et que Jean-Paul, se séparant de ses enfants, devenait impossible à vivre. Personne ne pouvait plus lui parler. Elle ne garde, quant à elle, en mémoire que les moments où ils étaient tous ensemble, tant il fallait mobiliser d'énergie.

L'énergie... Après chaque week-end, chaque retour de vacances, François était « vidé ». Jeanne, qui était très timide, effacée, sentait qu'elle devait avoir une présence auprès de lui suffisamment consistante pour qu'il supporte la blessure de la séparation et l'absence des enfants. Pour cela, elle devait se surpasser, croire en elle, ce qui était loin d'être évident.

Parfois, Jeanne se sentait jalouse de la souffrance de François. Une déchirure si intense devait être à la mesure d'un amour immense. Impuissante à combler par sa présence le vide qu'il éprouvait, Jeanne avait le sentiment d'être exclue. Elle ne pouvait se formuler les choses autrement : François lui en voulait sûrement d'être là, comme il en voulait sûrement à son fils Niels de prendre la place des enfants de son précédent couple.

CHAPITRE II

L'ombre de l'autre

Une mère bien réelle

Vient le moment – inévitable – de la rencontre avec l'autre : LA mère. Elle n'était jusque-là qu'une image fantasmée, n'existant que par le discours du conjoint ou des enfants, et voilà qu'elle s'incarne...

Depuis six mois, comme le font beaucoup d'amoureux, François rejoignait Jeanne chez elle presque chaque soir de la semaine, après son travail. Jeanne avait le temps de s'occuper de son fils, vérifier les devoirs, lui faire prendre son bain, le faire manger, le coucher, tous ces gestes accomplis jour après jour par des milliers de mères, les unes heureuses, les autres fatiguées, certaines se demandant peut-être où est la vraie vie dans tout cela. Le besoin d'amour du jeune couple grignotait leurs heures de sommeil, mais cela n'avait pas d'importance : ils étaient comme en apesanteur.

Le week-end, les enfants jouaient ensemble un peu par obligation et se séparaient le dimanche soir sans état d'âme. Ils ne se sentaient pas encore liés les uns aux autres. Jeanne ne connaissait pas la mère de Joseph et Marine, François ne connaissait pas le père de Niels, et la jeune femme ne s'était pas posé la question de savoir comment elle réagirait le jour de sa première rencontre avec l'ex-femme de son compagnon. Elle était toujours passée pour quelqu'un de sociable – d'ailleurs, il lui arrivait, à elle aussi, de confier Niels à la nouvelle femme de son père que Jeanne appréciait sans se sentir menacée. Il n'y avait donc aucune raison que cela se passe mal avec la mère de Marine.

Le jour ni espéré ni appréhendé arriva. Jeanne et les enfants étaient en vacances depuis un mois avec François qui, lui, travaillait et ne rentrait que tard le soir. Tant bien que mal, Jeanne avait tenté de trouver une place auprès d'eux, ce qui n'était pas une mince affaire, puisque ni François ni Jeanne ne savaient encore quelle était leur propre place l'un vis-à-vis de l'autre. Que dire aux enfants (surtout à Marine, si petite), alors que les adultes avaient aussi peur de s'engager ? Je suis la fiancée de ton papa ?

Je suis la future femme de ton papa ? Je suis l'amour de ton papa ? Rien de tout cela n'aurait été vrai, et les mots auraient risqué de faire fuir les amants par crainte de les emprisonner.

Pendant trente jours, donc, Jeanne avait fait la cuisine, elle avait lavé, soigné, consolé, amusé, bercé les soirs de sommeil difficile à trouver – et tout cela à quel titre ? Elle errait dans ces incertitudes quand LA mère vint chercher ses enfants pour poursuivre avec eux les vacances. La rencontre fut pour Jeanne comme un coup de poignard dans le ventre. Il y avait le regard de François, qu'elle n'avait jusqu'à présent connu que pour elle seule. Il y avait le lien construit jour après jour avec les enfants, une place fragile gagnée auprès d'eux qui, en un instant, du seul fait de la présence de « l'autre », s'anéantissait. Jeanne se vit reléguée au rang de baby-sitter, celle qui a bien gardé, sans plus, tout ce petit monde pendant quatre semaines. Maman est là, on peut se permettre de manger avec les doigts, jeter la nourriture par terre, faire sentir à l'usurpatrice qu'elle n'a rien d'autre à faire ici que de nettoyer sans broncher ! LA mère n'intervenait pas. Elle reprenait ses droits, sa supériorité, son bien et tout l'amour qui va avec.

Jeanne et François les accompagnèrent à

l'aéroport. Dans la voiture, c'est LA mère qui monta devant.

Un fantôme

Les marâtres d'aujourd'hui ne sont plus des mères adoptives comme autrefois, lorsque le veuvage était monnaie courante. Les mères sont bien là, vivantes, et l'enfant, même s'il en a parfois le sentiment, n'est pas abandonné. Très rapidement, la marâtre perçoit le poids de la présence « fantomatique » de l'ex-femme dans le couple en construction. Tout à coup, le doute s'installe. Et si l'homme que j'aime aimait encore cette femme ? Et si j'avais usurpé une place, *sa* place, de femme, de mère ?

Ce moment de doute est aussi un moment de solitude intense... À qui faire part de ces états d'âme dont on est si peu fière ? Des sentiments nouveaux se font jour, qui recouvrent l'état amoureux dans lequel vivait le nouveau couple : la jalousie, la haine, la peur, la méfiance.

Gabrielle [1], troisième femme de Jean, devi-

---

1. Gabrielle est en couple avec Jean. Elle est belle-mère « à la carte » de Jonas et Rémi, nés de la première union de Jean, et belle-mère en garde alternée de Julien, né de la seconde union de Jean.

nait l'antipathie et l'absence d'authenticité chez la précédente. Gabrielle la retrouvait en Julien, le fils qu'avait eu Jean de cette union. Cette seconde femme avait comme « fantôme » la première épouse de Jean, mère de deux grands enfants, Jonas et Rémi, et Jean craignait beaucoup qu'elle ne reporte son mépris sur ses fils. Pour éviter que la seconde épouse devienne à son tour le « fantôme » de la troisième (Gabrielle) et que Julien en pâtisse, Jean fit diversion en essayant d'attiser la jalousie de Gabrielle vis-à-vis d'une autre femme. Mais elle ne fut pas dupe. Comment pouvait-elle feindre d'ignorer la haine envieuse de la mère de Julien, qui avait attendu si longtemps avant d'être enceinte, alors que Gabrielle avait mis au monde deux enfants en trois ans ?

L'enfant dans la marâtre

L'ombre de l'autre – LA mère – s'abat d'abord sur la nouvelle femme qui, se croyant seule à la subir, n'ose parler à quiconque de ce qu'elle ressent : cette souffrance qui va puiser loin en elle ses racines,

Elle est aussi mère d'Aurélie et d'Eddy, nés du nouveau couple.

dans l'enfant qu'elle fut, car les sentiments de la marâtre sont aussi variables d'une femme à l'autre que ne le sont pour chacune la façon dont s'est construit son narcissisme et celle dont s'est déclinée la sortie de la phase dite œdipienne dans son enfance[1].

À sa première grossesse, Jeanne avait souhaité ardemment un garçon. Elle ne se sentait pas capable d'avoir une fille. Pourquoi ? Elle l'ignorait. Elle le comprit au contact de sa belle-fille. Car même si Marine n'est pas sa vraie fille, Jeanne retrouve auprès d'elle, en la voyant grandir, tout ce qu'elle-même a ressenti comme blessures et vexations durant son enfance et son adolescence. Élevée par plusieurs « mères », la jeune femme pressentait que ce serait douloureux pour elle d'être confrontée à ce qui lui ressemble et la ramène à elle. Pour élever cette enfant, il lui fallut donc se réconcilier avec elle-même, avec le féminin. Tel est sans doute le parcours de toute mère

1. À la fin de la phase œdipienne (identification réaliste, intégration des interdits, sublimation des pulsions), entre autres acquis sur le plan psychique, l'enfant renonce à « l'amour sexualisé » pour le parent de sexe opposé. Il s'inscrit dans une identité sexuelle et une généalogie, c'est-à-dire qu'il reconnaît et accepte la différence des sexes et des générations, ce qui sera consolidé à l'adolescence.

de fille, mais chez la belle-mère, les douleurs et la dépense d'énergie ne sont pas contrebalancées par le gain de plaisir que peut représenter le sentiment d'avoir un enfant à soi.

Caroline se demande également si tout ce qu'elle ressent aujourd'hui a un lien avec ce qu'elle a vécu autrefois. Elle avait huit ans quand ses parents se sont séparés. Sa mère, emmenant ses filles avec elle, était allée retrouver un autre homme qui vivait encore avec sa femme légitime et ses enfants, plus âgés que la petite fille. Ces derniers vécurent mal, comme on peut l'imaginer, l'arrivée de Caroline, sa sœur et sa mère, et malgré leur hostilité cette cohabitation dura un an. La petite prenait des claques, elle s'évertuait à participer aux tâches ménagères. Comme aujourd'hui dans son nouveau couple, elle s'appliquait à être appréciée, peut-être parce que les trois arrivantes étaient des intruses et qu'il fallait conquérir sa place.

Caroline se souvient de sa mère, de son beau-père et de la femme de celui-ci, dormant tous les trois dans la même chambre. Elle a oublié où les enfants dormaient : elle dit avoir perdu la plupart des souvenirs de cette époque. Elle ne se posait pas de questions, pensant que tout le monde vivait comme cela. Mais *a posteriori* elle sent bien que toute sa vie de femme en a été influencée.

Elle éprouve vis-à-vis de Jacques et de son ex-femme la même méfiance que celle qu'elle pouvait avoir à l'égard de sa mère et de son beau-père. Elle craint des choses cachées, qu'ils agissent « dans son dos », qu'elle ne comprenne pas ce qui se passe entre eux. Elle a envie de savoir, qu'on lui dise franchement les choses. Malgré elle, Caroline s'est en effet retrouvée dans la même situation que sa mère : Jacques et son ex-femme étaient encore ensemble lorsque leur relation est née. Sur le moment, elle n'a pas pensé à sa mère. Mais aujourd'hui elle perçoit le lien entre le présent et son histoire d'enfance.

Rivalités féminines

D'un côté, les femmes qui ont pu souffrir de carences affectives maternelles sont enclines, sans le savoir, à rechercher dans leur entourage de quoi réparer ces manques. Il n'est pas rare alors que les enfants soient chargés de cette mission, notamment les filles. Si la belle-fille ne répond pas à la demande inconsciente de sa belle-mère, cette dernière risque *a contrario* de se sentir persécutée par l'enfant ou l'adolescente qui ne remplit pas les conditions affectives attendues.

D'un autre côté, la place que prend la nouvelle épouse entre le mari et l'ex-femme vient reconstruire le trio que formaient l'enfant et ses deux parents autrefois. La rivalité des deux femmes vis-à-vis du mari résonne avec celle vécue par les petites filles face à leur mère pour l'amour du père.

Entrer dans le lit d'un homme suppose d'avoir évincé la rivale du premier lit. Cette rivale n'est autre, aujourd'hui, que la mère d'un enfant (ou plusieurs) de l'ancien couple. Être confronté à la rivalité fait resurgir les désirs incestueux insconscients d'antan, avec toute leur charge de culpabilité. D'où la grande difficulté d'être belle-mère lorsqu'on est encore fragilisée par une construction œdipienne précaire et que la nouvelle place est mise à mal par l'ambivalence du conjoint, la jalousie de l'ex-épouse et l'hostilité des beaux-enfants.

Caroline a été très ébranlée psychologiquement par sa rivalité avec l'ex-femme de Jacques. Rivalité n'est d'ailleurs pour elle pas le bon terme, puisque Caroline se sentait « moins » que l'autre aux yeux de Jacques. Elle pense que la première femme de celui-ci n'a jamais cessé d'utiliser le pouvoir qu'elle a sur lui. Cela, Caroline ne pouvait le comprendre et encore moins l'admettre.

Le regard de Jacques, qui la sous-estimait, la détruisait totalement. L'ancien couple était plus fort qu'elle, Caroline ne se sentait pas à armes égales dans cette histoire. L'ancien couple, avec tout ce qu'il pouvait représenter inconsciemment, c'était un autre monde auquel la jeune femme n'avait pas accès.

Ces blessures ont laissé de terribles traces : aujourd'hui, Caroline n'est pas en mesure de faire confiance à Jacques, car elle craint toujours la trahison à chaque occasion. Elle ne se sent jamais tranquille lorsqu'elle s'éloigne de lui.

Sorcière malgré soi

La rivalité féminine peut s'exprimer sur le terrain du couple : deux femmes se battent pour un homme. Dans les familles recomposées, toutefois, il n'est pas rare qu'elle s'exprime au sujet des enfants : la rivalité maternelle prend alors le pas sur la rivalité sexuelle. Certes, deux femmes se partagent d'une certaine façon le même homme (même si c'est en des temps différents), mais surtout deux femmes se partagent l'amour des enfants de la première. Être meilleure mère de ces enfants-là devient un enjeu de plus grande importance qu'être meilleure épouse.

La marâtre part avec un handicap. Les mères l'ont bien compris[1]. Elles finissent par renoncer au mari, mais elles ne renoncent pas à être la Reine Mère pour leurs enfants, qu'elles s'en occupent ou pas. Elles feront alors, consciemment ou non, tout ce qui est en leur pouvoir pour que ceux-ci ne puissent aimer la nouvelle épouse de leur père autant qu'ils l'aiment, elle.

Lorsqu'elles se sont rencontrées pour la première fois, la mère de Marine, d'un air « complice », a expliqué à Jeanne que ses deux anciens maris n'arrivaient pas à faire le deuil de leur couple car elle représentait « tout » pour eux : la femme, l'amante, la sœur, l'amie, la mère ! Que restait-il à Jeanne ? Que lui laissait-elle comme place, cette femme ?

Jeanne avait toujours fui les situations de compétition, car elle ne s'estimait jamais « à

1. Tout le monde connaît le mythe biblique des deux femmes qui se battaient, chacune prétendant être la mère de l'enfant. Salomon déclara qu'on allait couper l'enfant en deux et en donner une moitié à chacune. L'une d'elles s'y opposa. Salomon en conclut qu'elle était la mère, puisqu'elle acceptait d'être dépossédée de son enfant pour qu'il vive. Mais on peut s'interroger : qui était-elle vraiment ? la mère biologique ou l'autre ?

la hauteur ». Mais là, lui était imposée la rivalité et il fallait qu'elle apprenne à s'accrocher à son siège ! Toutes les occasions furent bonnes pour LA mère, perfide, comme pour la fille, de lui faire sentir qu'elle était une intruse. Comment voulez-vous aimer et être aimée quand vous avez l'impression d'avoir une verrue sur le nez ? À l'autre le beau rôle, même si elle ne voyait sa propre fille que le week-end ; et à Jeanne le mauvais. Par moments, Jeanne réalisait, impuissante, que cette lutte avait le pouvoir de la transformer en sorcière. Elle avait perdu sa bonne humeur et son insouciance, passait son temps à s'énerver, se défendre et maugréer. N'y avait-il pas d'autre destin pour une belle-mère que d'être une méchante marâtre ?

La mère de Marine était très immature. Elle s'était toujours comportée comme une adolescente. Quand elle eut renoncé à être LA femme irremplaçable de son ex-mari, elle fit délibérément alliance avec sa fille, comme deux sœurs unies dans la révolte. Elle se mit à considérer François et Jeanne (surtout Jeanne) comme des parents, vis-à-vis desquels elle était en opposition systématique. Surtout Jeanne, sur qui elle transféra toute la rancune qu'elle avait encore envers sa propre mère. Les deux femmes devinrent ainsi l'image de la mauvaise mère l'une pour l'autre.

Maladroitement, par l'intermédiaire de l'enfant, Jeanne remercia un jour la mère de Marine d'avoir mis au monde la fille qu'elle n'aurait peut-être jamais faite elle-même. C'était une forme de reconnaissance qu'elle ne pouvait pas lui exprimer en face, à cause de l'absence de relation, mais elle savait que Marine le lui répéterait. En retour, sa mère crut bon de rendre à Jeanne un merci, pour être quitte. Ce fut dit de telle sorte que Jeanne le reçut comme un crachat en pleine figure. Un merci chargé de haine et de rancune : « Merci quand même, mais tout ce que tu fais, c'est normal, n'importe quelle belle-mère en aurait fait autant. »

Comment l'enfant peut-il garder confiance dans les adultes, lorsqu'il est déposé par sa propre mère chaque dimanche soir chez une femme qu'elle déteste et jalouse à la fois, la considérant devant l'enfant comme une mère mauvaise pour lui, en tout cas plus mauvaise qu'elle n'est, elle ?

Faire avec ou malgré l'autre

La Reine Mère laisse alors sa trace partout où elle le peut pour que la nouvelle femme ne puisse jouir de ce sur quoi l'ancienne estime encore avoir des droits. Elle joue de son influence, dans l'ombre, mais avec une telle ténacité que c'est l'ombre elle-même qui vient s'abattre sur la nouvelle famille. Être la seconde femme dans la vie d'un homme, voire la troisième, ou plus selon les cas, n'est pas une chose si facile, surtout quand on vous le rappelle sans cesse : le mari, l'ex-femme, l'enfant lui-même par sa présence, car c'est bien sûr en grande partie à travers lui que l'ombre de LA mère plane sur la maison, par ce qu'il véhicule entre les deux foyers, ou par sa ressemblance physique, intellectuelle ou comportementale avec l'autre parent, la mère.

Jeanne et la mère de Marine ne se parlent plus depuis plusieurs années. L'ex-femme prenait beaucoup trop de libertés, profitant du fait que François avait la garde de leur fille. Jeanne ne supportait plus de la voir quand l'autre le décidait, elle ne supportait plus qu'elle s'immisce sans pudeur dans la vie du couple, et elle ne supportait plus que, tout aussi impudique, elle leur fasse partager les détails de sa propre vie intime. Jeanne maintenait des relations avec elle dans l'intérêt de Marine, avec l'espoir que les deux femmes puissent parler de son éducation. Il lui semblait que c'était son devoir.

Très vite, Jeanne se rendit compte que

non seulement la mère ne lui apportait rien pour l'aider à élever Marine – bien au contraire... De plus, elle avait le ventre noué à chaque rencontre et ce malaise devenait de plus en plus difficile à vivre. Le jour où Jeanne osa, puisque François ne le faisait pas, demander à la mère de se préoccuper un peu plus de sa fille, au moins pendant les périodes où François s'absentait pour son travail, et de respecter un peu plus l'intimité de leur vie à eux, tout échange devint quasi impossible. Il aurait fallu sans doute que la belle-mère continue de faire son boulot sans rien demander à la mère, sans la remettre en question, et sans la frustrer du pouvoir qu'elle tentait de conserver.

Jeanne sait que Marine en souffrit. La fillette aurait préféré que sa mère et sa belle-mère s'entendent. Cela aurait été plus confortable pour tout le monde. Mais au fil des années, Marine sut en tirer des bénéfices secondaires : sa mère est une grande copine qui lui permet tout ce qui n'est pas autorisé à la maison et lui paie tout ce que son père et Jeanne ne peuvent lui offrir, et l'absence de dialogue entre adultes pérennise ce décalage. La mère n'agit qu'en réaction au nouveau couple, alors que Jeanne et François essaient de rester fidèles à leur conception de l'éducation.

Le grand écart que Marine est obligée de

faire entre ces deux modèles parentaux ne lui facilite pas toujours la vie, car Jeanne retrouve bien souvent en sa belle-fille des comportements de sa mère ou des tournures d'esprit qui sont loin d'être en accord avec leurs valeurs et leur sens de l'éducation. D'où de vives tensions.

Stratégies de la jalousie

Les contes nous mettent en garde contre la jalousie de la marâtre, qui s'exerce généralement envers sa belle-fille directement, ou envers la vraie mère de celle-ci qui, bien que morte la plupart du temps, rayonne encore de sa beauté à travers l'adolescente qui prend de plus en plus ses traits charmants[1]. Mais dans la réalité, l'inverse est également vrai : le déploiement des stratégies de LA mère, vivante et jalouse, n'épargne pas non plus la seconde épouse.

Marie-Laure regrette de subir la façon dont l'ex-femme fait malgré elle payer sa frustration à tout le monde, se défendant de sa souffrance par un comportement hautain. Elle n'a jamais cherché à entrer en

1. Blanche-Neige ou Cendrillon en sont les meilleures représentantes.

contact avec Marie-Laure, mais en même temps elle ne voulait pas confier les enfants au nouveau couple pendant les vacances, arguant qu'elle ne connaissait pas la nouvelle femme. À présent le cadre est posé, le couple s'arrangeant avec la rigidité de la situation, un certain moralisme qui fait qu'il y a peu de souplesse possible pour la garde des enfants : ils viennent quand c'est fixé, mais s'ils ont le désir de venir à un autre moment ou un petit peu plus de temps en temps, ce n'est guère possible. L'élasticité dans les relations et dans le fonctionnement du va-et-vient des enfants entre deux foyers est rarement envisageable tant que les passions des adultes ne sont pas éteintes. C'est surtout vrai lorsque la femme a « perdu » son mari à cause d'une autre, dont elle imagine qu'elle veut aussi lui « voler » ses enfants.

Lorsque Jean-Paul annonça coup sur coup à son ex-femme qu'il se remariait, que sa nouvelle femme et lui déménageaient, et que Nathalie était enceinte, son ex-femme manifesta vivement son désaccord de les voir partir si loin, ce à quoi Jean-Paul répondit qu'ils ne lui demandaient pas son avis. Mais en fait, ce qui semblait la déranger le plus, c'était le mariage et la grossesse. Elle les traita de fous.

Depuis le déménagement, l'ex-femme joue

le rôle de la mère à qui on a enlevé ses enfants. Elle a changé de statut par rapport à ses propres parents, renouant avec eux, le pauvre gendre étant devenu entre-temps le méchant qui a osé éloigner les enfants de leur mère. En réalité, celle-ci voit ses enfants autant qu'avant et verse une pension plus faible. Il n'est sans doute pas évident pour une femme de reconnaître qu'en ayant pourtant fait le choix de mettre des enfants au monde, les assumer au quotidien représente une contrainte bien trop lourde. L'image idéale d'une mère toute dévouée à sa progéniture en prend un coup, et ces défaillances maternelles ont toujours mauvaise réputation. Mieux vaut alors projeter sur l'autre (l'ex-mari, la nouvelle femme, le jeune couple) les torts et les manquements qui sont en réalité les siens.

Pour Jeanne, fort heureusement, l'histoire s'est déclinée très différemment avec la mère de Pierre qu'avec la mère de Marine. D'abord, Pierre ne vient au domicile paternel que de temps en temps depuis le jour où, âgé de onze ans, il a décidé de rencontrer François, son père biologique. Ayant déjà l'expérience de la recomposition, le couple a pu faire face. Pour autant, Jeanne ignorait le genre de femme qu'elle serait amenée à rencontrer. Tout ce qu'elle savait, c'est que celle-ci n'avait tenu compte que de son propre désir d'enfant pour faire exister Pierre, et que, par la suite, pour le bien de l'enfant, elle ne lui avait jamais caché l'identité de son père. Pierre a cependant bien grandi, malgré l'absence de son géniteur au cours de ces années cruciales dans la vie d'un enfant.

Mais quel roman familial la mère du garçon avait-elle construit dans sa tête pendant toutes ces années ? Et qu'en avait-elle dit à son fils ? Elle aurait très bien pu en vouloir à Jeanne d'avoir auprès de François une place qu'il ne lui avait pas faite à elle autrefois. Tout aurait pu se passer très douloureusement si le couple n'avait pas été riche des épreuves traversées, des questions, des doutes et des solutions inventées. Du coup, la découverte de Pierre, ainsi que les relations avec sa mère et le nouveau conjoint de celle-ci, cordiales mais suffisamment distantes, sont apparues plus faciles à Jeanne, toute la famille étant heureuse et fière que le petit garçon en fasse aussi partie à présent.

L'enfant en otage

Comme il peut être déroutant pour la belle-mère de ressentir la haine jalouse de l'autre femme, la vraie mère de ces enfants qu'on apprend à aimer, LA mère qui s'infiltre dans la nouvelle famille, par toutes les failles ! L'enfant est souvent le messager de cette haine, malgré lui, une haine savamment déguisée, qui génère dans la maisonnée le sentiment d'être un pantin dont les ficelles sont tirées à distance par LA mère. C'est par des promesses – non tenues – à l'enfant, ou par un chantage affectif, que son influence s'impose avec le plus de force. Détenir un pouvoir sur l'enfant grâce au maintien de l'espoir d'une possible libération de celui-ci par LA mère, qui le sauverait des griffes acérées de sa marâtre, interdit à ce dernier tout investissement dans le nouveau foyer et le prive d'une grande partie des « nourritures affectives[1] » dont il a besoin pour s'épanouir.

Jeanne rapporte que le « truc » de la mère de Marine était de se montrer ultra-permissive et ultra-compréhensive avec sa fille : une mère à qui l'on peut tout dire sans être jugée, tout en soulignant la différence qu'il pouvait y avoir avec le nouveau couple, et en maintenant un espoir de délivrance prochaine de toutes les frustrations supposées que Marine pouvait vivre chez son père. Régulièrement, elle disait à la fillette, sans

1. Pour reprendre l'expression de Boris Cyrulnik.

en parler aux autres adultes : « Tu vas revenir vivre avec moi », ou : « Nous partirons au bout du monde aux prochaines vacances. » Ces projets, auxquels Marine croyait, mettaient toute la famille en émoi lorsqu'ils étaient révélés. Même au bout de plusieurs années de rêves déçus, chacun y croyait encore à chaque fois, et tentait d'en surmonter les conséquences, alors que, le moment venu, rien ne se passait. C'est finalement le juge aux affaires familiales qui mit un terme à cette comédie perverse.

Il est fréquent de constater l'influence que toutes ces tromperies et l'absence de dialogue entre parents peuvent avoir sur le comportement des enfants. Enfants favorisés mais toujours insatisfaits, de parents coupables se rachetant sans cesse auprès d'eux, ils savent jouer de la compassion et de l'empathie pour obtenir ce qu'ils désirent, comme ils ont eu l'occasion de le faire entre deux adultes qui ne se concertent pas. Ces enfants créent – inconsciemment sans doute – de la division autour d'eux, car c'est ce qui leur est familier. Comme s'ils ne pouvaient pas se situer entre deux personnes qui s'entendent, ils maintiennent un clivage pour mieux tirer profit de l'un et de l'autre. C'est un véritable piège pour le nouveau couple, et le « mensonge » constant des enfants rend difficile en particulier la confiance entre eux et leur belle-mère, plus lucide à cet égard que le père lui-même.

De l'amour pour deux

Quand l'attachement se fait, par-dessus toutes les résistances (surmonter l'épreuve de l'absence de désir d'enfant du côté de la belle-mère et l'absence du désir d'un parent de plus du côté de l'enfant, car si la belle-mère n'avait pas rêvé sa condition actuelle, l'enfant non plus ne s'était pas imaginé dans une telle situation), un nouveau problème se fait jour : que se passe-t-il lorsque preuve est demandée à l'enfant de témoigner de son amour, et que cet amour, il l'a pour les deux rivales ?

Sacré dilemme, par exemple, lorsqu'à l'école les enfants préparent la fête des mères. Certaines institutrices l'ont compris et les petits gestes ou mots à son intention sont alors vécus comme une reconnaissance immense pour une femme qui élève l'enfant d'une autre, d'autant plus qu'une marâtre ne cesse jamais de s'interroger sur ce qu'elle représente, tant aux yeux des enfants qu'à ceux des autres, dans son nouveau rôle. Jeanne eut ainsi une jolie surprise à la première fête des mères que Marine lui souhaita. Sur l'idée de la maîtresse, la mère et la belle-mère eurent chacune leur petit poème. Naïve et fière, Marine avait montré les deux à Jeanne. Le premier témoignait de l'inquiétude de la petite fille envers une mère qu'elle croyait en danger loin d'elle : un animal blessé et solitaire, échoué sur un rivage après avoir été pris dans la tempête. Le second, moins métaphorique, révélait au contraire la quiétude qu'elle pouvait éprouver auprès de Jeanne, sa « mère nourricière », celle qui assure ses besoins en permanence.

À travers ces deux petits mots, Jeanne comprit la place qui lui avait été impartie malgré elle, alors qu'elle aurait dû être celle qui ne fait que gâter quelques heures par semaine, tolérant les excès, les envies, les caprices. Plus tard, à l'adolescence, en conclusion d'une conversation, Marine dit à Jeanne : « Mais c'est toi "ma mère", tu le sais bien quand même ! » Même si Jeanne savait que ce n'était pas juste, elle avait compris pourquoi Marine le lui avait dit à l'époque. « Ne me lâche pas, signifiait-elle, car je ne peux pas m'appuyer sur la vraie. »

Loyauté

La marâtre a besoin de preuves d'amour, mais le miroir qu'on lui tend ne reflète souvent que la mauvaise mère ou l'étrangère. Les initiatives des institutrices, pour reprendre l'exemple précédent, outre qu'elles vont dans le sens d'une reconnaissance de la place de la marâtre, servent aussi à déculpabiliser l'enfant. Il est fréquent, en effet, que celui-ci soit empêché de tisser des liens d'amour avec la nouvelle femme de son père, comme vis-à-vis de ses demi-frères et sœurs, pour ne pas blesser ou trahir sa mère. Il est alors pris dans un « conflit de loyauté ».

Pendant deux ans, depuis le jour où elle avait accepté de voir Marie-Laure, Angèle guetta tout ce que la nouvelle femme pouvait penser ou dire : elle était devenue la référence absolue pour l'enfant. Parallèlement, les relations d'Angèle avec sa propre mère étaient très tendues. Marie-Laure essayait comme elle pouvait de calmer les choses, car elle ne voulait pas que son acceptation par Angèle passe par le rejet de sa mère, envers qui la fillette se montrait très violente.

Déconcerté, Jean-Louis ne savait que faire dans ce conflit mère-fille. Puis il put aider son ex-femme à prendre conscience de ce que vivait leur fille : Angèle avait peur de perdre sa complicité avec Marie-Laure si elle montrait qu'elle aimait sa mère. La fillette trouva d'elle-même un compromis. Comme beaucoup d'enfants dans cette situation, elle y parvint au prix d'un double jeu, un double discours adapté aux adultes, mais parfois même trop adapté. Et progressivement, l'amour pour la mère d'Angèle reprit le dessus.

Caroline a, elle aussi, le sentiment que son entente avec Pauline peut culpabiliser celle-ci par rapport à sa propre mère, comme si aimer sa belle-mère c'était trahir sa mère. Son compromis consiste à instaurer une distance pendant quelque temps pour rééquilibrer les choses. L'avoir compris aide Caroline à se montrer plus patiente.

Quant à Jeanne, elle dialogue suffisamment avec Marine aujourd'hui pour que celle-ci lui confie de temps à autre que certaines situations ne doivent pas être rapportées aux oreilles de sa mère quand notamment Marine laisse des gens prendre Jeanne pour sa vraie mère et qu'elle ne rectifie plus comme lorsqu'elle était petite, ou quand elle montre des traits d'identification à sa belle-mère par des goûts similaires, des projets, des connivences d'idées. Dans son cas, la solution de compromis ressemble à celle d'Angèle et implique un cloisonnement entre les deux foyers, dont on ne saurait dire avec systématisme s'il est à l'avantage ou au détriment de l'enfant. C'est quelquefois la solution la moins coûteuse pour lui sur le plan psychique, et les belles-mères n'ont pas à se sentir offensées par de tels procédés.

Parler vrai

La difficulté est grande pour la belle-mère, tiraillée par ce paradoxe : faire exister cette autre femme, du moins ne pas la nier, tout en éprouvant à son égard des sentiments négatifs et un désir (avoué ou inavoué) de la faire disparaître. Que répondre aux enfants lorsque, inévitablement, ils vous questionnent sur ce que vous pensez de leur mère ? On peut aimer un enfant sans aimer pour autant la femme qui l'a mis au monde. Pourquoi le nier ? Le respect de l'enfant passe par le respect de la vérité.

Un jour, Marine, qui devait avoir quatre ans, dit à Jeanne : « De toute façon, maman te déteste. » Jeanne en fut d'abord très surprise. Elle n'avait pas, il est vrai, beaucoup d'affinités avec la mère de l'enfant, mais elle ne sentait pas non plus d'animosité de sa part – du moins jusque-là. À l'époque, l'ex-femme de François passait souvent la main dans le dos de Jeanne, en témoignage de son agrément (!) face au couple que son ex-mari et elle avaient reformé. Jeanne ne s'était pas demandé si c'était sincère...

Sur le coup, elle se dit que Marine la provoquait, la testait, mettait à l'épreuve ses propres sentiments à l'égard de sa mère. Mais au fond, que faisait Jeanne elle-même, sinon feindre d'aimer cette femme qu'elle aurait sans doute ignorée en d'autres circonstances ? Après tout, l'autre pouvait vraiment la haïr et Jeanne n'y avait même pas pensé.

Les enfants ne s'y trompent pas. On prétend qu'il faut toujours dire du bien de l'autre parent, car le détruire serait détruire une partie de l'enfant lui-même. Dans le cas de Jeanne, les choses se posaient en d'autres termes, car elle sentait que le plus important dans cette histoire était de « parler vrai » à Marine. Jeanne ne pouvait pas faire semblant d'aimer sa mère, Marine elle-même venait de le démontrer en révélant la haine cachée de sa mère pour sa belle-mère. Mais il fallait que la fillette sache qu'elle n'était pas pour Jeanne une « partie » de ses parents, mais bien une personne à part entière, et que ne pas aimer sa mère ne voulait en aucun cas dire que Jeanne n'aimait pas Marine, ni qu'elle empêcherait celle-ci d'aimer sa mère. Surtout, Jeanne ne pouvait faire semblant de cautionner certaines attitudes de la mère avec lesquelles elle ne se sentait pas du tout en accord. La vérité fait parfois mal, mais moins que les mensonges, les silences ou les faux-semblants qui abîment le cœur des enfants et leur confiance dans le monde adulte.

De marâtre à marâtre

Comment assurer une éducation cohérente malgré les rancunes, les rivalités, le dépit envieux ? Comment trouver sa place, unique, et son rôle par soi-même et non pas en réaction à ce qu'est ou ce que désire l'autre femme ?

C'est toute la solidité narcissique de la nouvelle femme, toute sa confiance en soi, qui est convoquée, et l'appui qu'elle peut espérer de la part des proches qui est sollicité. L'entourage doit en effet pouvoir valoriser et la mère et la belle-mère dans l'épreuve que l'une et l'autre affrontent au moment où la première accepte de déléguer un peu de sa fonction maternelle et se sépare en partie de son enfant, et où la seconde accueille celui-ci, assumant les devoirs que cela implique. Il faut reconnaître qu'il s'agit bien d'une épreuve pour les deux, comme pour l'enfant. D'autant que tous ces sentiments, la marâtre ne peut les ignorer quand elle-même est mère d'enfants dont le père a une nouvelle femme, leur marâtre. Elle aussi connaît la difficulté de « partager » l'amour et le temps de ses propres enfants avec une autre femme.

Avec la femme de son ex-mari, Marie-Laure est dans la construction d'un cadre. La première fois qu'elles se sont vues, la nouvelle épouse tremblait. Elle était sans doute dans la crainte de l'aura que Marie-Laure avait sur ses propres enfants et que leur père entretenait. Elle reconnaît que cela ne doit pas être facile pour la seconde femme, du moins tant qu'elle n'a pas encore son propre enfant.

Marie-Laure estime ne pas être jalouse et n'avoir pas peur non plus que son ex-mari, en ayant un nouveau bébé, soit moins père pour Anna et Simon, considérant que c'est un « élargissement de sa paternité ». Sa crainte portait davantage sur ce qu'allaient ressentir ses enfants et comment le leur annoncer sans leur faire du mal. (Toujours ce vieux mythe prétendant que l'amour qu'un parent peut retrouver après une rupture va faire mal à l'enfant, alors qu'il semble que ce ne soit qu'une projection de l'autre adulte.) Marie-Laure avoue effectivement appréhender un peu la tentation de « matriarcat » de la nouvelle femme, son envie très forte d'être mère, y compris des enfants du premier lit. Elle a donc signifié à Anna qu'il ne fallait pas qu'elle compare les deux femmes, sa belle-mère et sa mère, mais qu'elle continue de respecter ce que Marie-Laure lui dit, même si c'est en désaccord avec ce que dit ou pense sa belle-mère. Quand Marie-Laure entend le ton critique d'Anna vis-à-vis de sa belle-mère, elle se méfie malgré tout parce qu'elle a l'expérience d'Angèle, qui lui a permis de comprendre certains travers qu'elle voudrait éviter avec Anna.

Durant les dix années pendant lesquelles Niels a eu une belle-mère, Jeanne la voyait rarement. Elle n'avait à s'occuper de lui que ponctuellement, et tout s'est très bien passé les quelques fois où les deux femmes ont eu à se rencontrer. Le père de Niels s'arrangeait pour qu'elles tiennent leurs distances. Ce qui se passait dans chaque maison a toujours été divulgué avec beaucoup de parcimonie. Jeanne ne sait pas ce que cette femme pouvait réellement éprouver vis-à-vis d'elle. Elle ignore également si, en tant qu'ex-femme, elle pouvait faire de l'ombre à la nouvelle à distance, mais aucun propos désagréable n'est arrivé jusqu'à elle.

Confusion

Quelle situation étrange que de partager le lit d'un homme, reproduisant la même scène vécue avec cette autre femme avec qui, même *a minima*, il faut avoir affaire[1] ! Comment la marâtre peut-elle ne pas se poser ces questions : m'a-t-il choisie parce que je suis pareille ou parce que je suis différente ? M'aimera-t-il davantage si je lui ressemble ou si je prends le contre-pied ? Le trouble est jeté, la personnalité ébranlée. À travers l'homme qu'elle aime se profile le fantasme inconscient d'un rapproché homosexuel avec l'ex-épouse, le fantasme d'une fusion, d'une confusion qui la fait vaciller tant qu'elle n'a pas trouvé ses repères dans la famille recomposée.

Ce fut le cas de Jeanne. Quand elle y repense, elle se rend compte que, au début de leur relation, François lui faisait des cadeaux qui correspondaient aux goûts de son ex-femme plus qu'aux siens. Elle portait alors souvent des vêtements qui la faisaient ressembler à l'autre. Ce n'était pas elle. Elle était comme un ersatz de l'autre. Et après que le jeune couple se fut marié et que Jeanne porta le nom de son mari, l'autre femme s'accrocha longtemps à ce nom-là, alors que dans le jugement de divorce il était stipulé qu'elle reprendrait son nom de jeune fille. Jeanne avait l'im-

1. Imaginer cette scène réactive les fantasmes de « scène primitive », celle de l'union de nos propres parents.

pression que celle-ci agissait ainsi pour la narguer, afin de n'être pas détrônée. Elle en arrivait à faire des cauchemars où elle craignait d'être confondue avec elle. C'était comme si Jeanne était toujours dans ses pas et qu'elle ne retrouvait plus qui elle était vraiment. D'une certaine façon, c'était comme si elle avait épousé l'ex-femme de François en épousant celui-ci[1]. De sorte qu'elle eut très peur, quand Pierre intégra la famille, de revivre de tels moments avec l'autre mère.

Rester soi, rester un couple

C'est d'abord en trouvant sa place avec assurance que la marâtre pourra engager de vraies relations avec les enfants de l'autre sans que sa nouvelle histoire d'amour soit

---

1. Françoise Héritier, dans *Les Deux Sœurs et leur mère* (Paris, Odile Jacob, 1997), parle de ce fantasme incesteux qui interdit à deux sœurs ou une mère et sa fille des rapports sexuels avec le même homme, les humeurs (les fluides corporels), les substances corporelles de ces femmes pouvant se rencontrer grâce au corps de l'homme. Ici, comme l'ont remarqué également H. David et V. Laflamme, il y aurait un fantasme homosexuel réveillé par la situation de deux femmes ayant eu des rapports sexuels avec le même homme.

menacée. Les disputes au sujet des enfants ne sont pas rares, en effet, dans la famille recomposée, alors que les espoirs du jeune couple se portent au contraire du côté de la réparation de l'échec précédent et de la revalorisation de l'estime de soi après les souffrances endurées.

Des crises de couple, Jeanne et François en eurent beaucoup, et principalement au sujet des enfants. Ils en connaîtront probablement d'autres, mais ce qui compte, à leurs yeux, c'est qu'ils ont pu les surmonter. Il est important que les enfants n'en soient pas tenus pour responsables ; aussi vaut-il mieux leur dire clairement les choses et les dédramatiser en leur montrant que l'entente reprend toujours le dessus.

Au contraire, le lien qui unissait encore Jacques et son ex-femme et le peu de place de Caroline auprès des enfants aboutirent au fait que le couple se sépara pendant quelque temps. À force de s'effacer, Caroline n'avait plus d'existence nulle part, même dans son travail. Puis elle revint, poussée par le désir d'avoir un enfant. Quand elle regarde en arrière, elle se rend compte que les rapports changent, mais très doucement. Elle se demande pourtant comment elle a fait pour ne pas quitter Jacques définitivement, car elle a l'impression d'avoir passé son temps à se prouver qu'elle était capable de tenir. Elle ne sait pas comment leur couple va continuer d'évoluer, mais pour le moment, sa priorité est de se concentrer sur elle-même. Elle a besoin de se retrouver dans le travail, dans la séduction, dans la confiance – bref, de recouvrer une estime de soi. Il lui arrive de penser qu'elle a perdu sept ans de sa vie, tellement ce fut difficile, comme une parenthèse de révolte silencieuse. Fallait-il qu'elle tienne à Jacques pour s'accrocher à ce point ! Maintenant qu'ils ont un enfant, le petit Arthur, elle se sent bien. Mieux : heureuse.

CHAPITRE III

La part du père

Le droit d'aimer

Implicitement, c'est souvent grâce à la présence d'une nouvelle femme dans la vie d'un homme que celui-ci peut se voir confier la garde de ses enfants, ou qu'il peut se sentir lui-même apte à les recevoir plus fréquemment. Cette nouvelle configuration interroge sans détour la place que va prendre le père dans la famille entre son épouse et ses enfants. Comment va-t-il « orchestrer » ce ballet familial ?

Pour Gabrielle, la difficulté c'est l'amour, bien plus que la vie domestique malgré la grande famille qu'elle a dû assumer en très peu de temps (trois beaux-enfants et deux bébés). Elle pense avoir un problème avec Julien qu'elle n'a pas eu avec les fils aînés de Jean : il n'y a pas d'investissement affectif. Elle ressent pour lui moins d'amour, ce qui entraîne moins de tolérance. Jean avait décidé qu'il fallait que Julien ne souffre pas de leur désir de concevoir d'autres enfants. Mais aujourd'hui encore Jean a peur, car il se dit que son fils se retrouve seul du fait que Gabrielle et lui ont deux enfants ensemble, comme il a eu deux enfants avec sa première femme, Julien restant l'enfant unique de sa deuxième union. Jean défend son fils d'autant plus qu'il croit Julien rejeté, mais c'est lui qui, sans le vouloir, le maintient à l'écart. En le mettant à l'abri des souffrances, il l'isole du même coup de l'amour.

Lorsque Jean vivait avec la mère de Julien, ils restèrent longtemps sans avoir d'enfant à eux. À cette époque, elle compensait son besoin de materner en s'occupant beaucoup de Rémi (un des premiers fils de Jean). Mais quand elle a enfin eu son bébé, Rémi n'a plus compté pour elle et en a souffert. Jean n'a pas voulu reproduire cela avec Julien et Gabrielle. Pour éviter que celle-ci n'abandonne Julien en devenant mère, il les a donc empêchés de s'attacher l'un à l'autre dès le départ.

Mais la parole de Jean a instauré une trop grande distance entre le petit garçon et sa marâtre, bien au-delà de la simple précaution. Quand Julien allait chez le psychologue, il ne parlait jamais de Gabrielle, qui interprétait cela par : « Je n'existe pas dans sa vie. » La jeune femme se désespère de voir la situation évoluer, convaincue que Julien et elle n'auront jamais d'autre lien que l'organisation, car Jean ne laisse pas d'autres possibilités. C'est un véritable cercle vicieux, l'attitude de son compagnon lui faisant prendre Julien « en grippe » du fait qu'il impose l'enfant à Gabrielle, au-delà même d'une semaine sur deux. Quelquefois, elle n'a pas envie de partir en vacances dans ces conditions parce qu'elle sait que cela va être difficile. Tous deux souffrent : ne pas avoir de rapports de tendresse avec cet enfant est un vrai manque pour Gabrielle, et Julien, encore convalescent de la séparation de ses parents, ne peut trouver réparation auprès d'elle.

Deuil d'un couple

La question du deuil du couple antérieur est fondamentale. Si les affects liés à la séparation sont encore trop actifs, du côté du conjoint ou du côté de son ex-femme, le couple reformé ne vit pas dans le même « temps ». Temps du détachement, du renoncement, puis de la construction pour l'un ; temps de découverte de l'histoire de l'autre, temps de l'assimilation, de la métabolisation, de la transformation des affects pour le second. Le décalage de ces temps entre l'homme et la seconde épouse a pour conséquence que le couple risque de ne jamais se rencontrer véritablement, et tous les malentendus sont possibles.

Quand tout a commencé, Jeanne était séparée depuis six ans et cette histoire était bel et bien finie. Pour François, c'était différent, mais elle ne s'en rendit pas compte tout de suite. Au début, elle avait l'impression qu'ils étaient simplement amoureux, sur le même nuage. Mais leur disponibilité quant à la reconstruction d'une famille n'était pas la même. François était encore en train de se séparer de son ex-femme, dans sa tête ce n'était pas fait, c'était encore le chantier. Du coup, lorsque Jeanne croyait qu'ils étaient en phase, lui était encore dans le temps de la première union, même s'il s'agissait du temps du détachement. Quand elle en prit conscience, elle fantasma sur cette union, parcourant le chemin inverse. Alors que François commençait à s'investir véritablement dans leur histoire toute neuve, Jeanne régressa dans le temps d'une histoire à trois où il n'y avait place que pour le doute.

De même, dès le début, Jacques avait dit à Caroline qu'il était encore amoureux de son ex-femme. Dans ces conditions, Caroline ne pouvait trouver sa place auprès des enfants, elle était là comme de la décoration pour le père et les enfants, elle ne participait pas à leur vie. Ce « mauvais départ » a laissé des séquelles : aujourd'hui encore, le dimanche soir, Caroline continue d'être malade quand vient l'heure où leur mère va ramener Pauline et Stéphane. À travers ses symptômes, son corps rejette de toutes ses forces la présence de l'autre et dresse des remparts pour s'en protéger, comme s'il se durcissait à son approche.

Ne pas choisir

Les pères entre deux alliances cherchent quelquefois inconsciemment un compromis pour tarir les sentiments de culpabilité et l'ambivalence quant aux choix d'existence. Une espèce de fantasme de bigamie n'est alors pas rare chez ces hommes qui n'auraient ainsi plus à choisir entre laisser leurs enfants, laisser la femme qui les a mis au monde, et laisser la femme qu'ils désirent aujourd'hui. De plus, quoi de plus flatteur pour un homme que d'être l'objet d'une rivalité féminine, ce qu'il peut assouvir non seulement grâce aux deux femmes, mais aussi, pour certains, grâce à leur fille et leur nouvelle femme, dans la quête œdipienne de l'enfant ou de l'adolescente ?

Lorsque Caroline et Jacques se sont installés, l'ex-femme suggéra de partager la même maison qu'eux. Elle agissait soi-disant pour le bien des enfants... Jacques, devant cette proposition, ne pouvait qu'être tenté, car c'était sa femme qui était partie et il l'aimait encore, mais il réussit néanmoins à renoncer à cette idée.

Avant que Jeanne, François et les enfants n'emménagent tous ensemble, lorsque le couple commençait seulement à avoir l'idée d'une maison commune, François imagina, certes de manière fugace, que la mère de Marine pourrait utiliser un étage et Jeanne et les enfants l'autre, sans penser que son travail à lui l'éloignait de la famille parfois pendant trois semaines d'affilée et que Jeanne allait donc cohabiter avec « l'ex » en permanence – là encore pour le « confort » des enfants ! Amère, Jeanne s'était reproché, à l'époque, d'avoir un esprit singulièrement fermé pour ne pas sauter de joie devant un tel projet ! Maintenant elle comprend que c'est le sentiment de culpabilité qui guidait François.

Maternité paternelle

Dans certains cas, même lorsque c'est l'image de ce père charmant entouré d'enfants qui l'a séduite, la nouvelle marâtre s'aperçoit que la place ne peut lui être faite par un père qui jouit enfin de pouvoir concrétiser ses fantasmes de « maternité » en l'absence de la mère. Redevenir un père, et non plus père et mère à la fois, ou encore une seconde mère pour ses enfants, peut être difficile à réaliser pour lui. Mais fréquemment les places se reprennent lorsque l'expérience a assouvi une part des manques.

Jeanne a souvent eu l'impression que François s'évertuait à prouver qu'il était « meilleure mère » que les mères de ses enfants, qu'il était investi de la mission de réparer à lui tout seul les défaillances qu'il percevait chez ces mères-là, y compris chez Jeanne elle-même, et il fallut à celle-ci gérer aussi cette rivalité-là.

Gabrielle pense également que Jean est un père très « maternel ». Quand ils se rencontrèrent, elle adorait comme il parlait de ses enfants et c'est en grande partie ce qui l'avait attirée chez lui. Il ne peut d'ailleurs pas accepter de prendre un travail qui l'éloignerait trop de ses enfants.

Jean-Louis, quant à lui, a été élevé par une

mère seule, enfant unique, sans connaître son père. Avec tous ces enfants, les siens, ceux de Marie-Laure, celui du nouveau couple, il s'épanouit. Il n'était peut-être pas très présent auprès de ses enfants dans sa première union. Mais depuis que la nouvelle famille a été reformée, il a consacré beaucoup de temps aux enfants, il s'est rattrapé avec les siens, il a materné Félix, Marie-Laure étant souvent prise par son travail. Il s'est rempli de tout ce que les enfants lui apportaient et dont il avait sûrement manqué. Aujourd'hui, il peut envisager de faire un peu autre chose, de rééquilibrer son investissement.

La place, les places

Le père est nécessairement bien réel dans ces nouvelles familles. C'est par sa parole qui tranche, ordonne, autorise ou interdit, dans toutes les situations concrètes de la vie familiale, que la marâtre pourra elle-même y trouver de l'amour et y faire autorité si nécessaire. Dans la vie quotidienne, les exemples de la façon dont le père se situe de manière déterminante entre sa compagne et ses enfants ne manquent pas. Notamment quand il s'agit de trouver la place géographique des occupants de la maison, ce qui n'est pas un acte anodin. Le partage des lieux affiche clairement la place de chacun et, lorsqu'elle est trouble, la façon de s'approprier l'espace dénonce la confusion des individus.

Caroline ne sait pas trop quelle place elle fut amenée à prendre. Quand la nouvelle famille emménagea, tout avait été organisé à l'avance. Jacques et Caroline commencèrent par envisager de prendre une maison suffisamment grande, avec jardin, pour les enfants. Jacques choisit la maison, les enfants choisirent leur chambre. Caroline suivit, mais même si elle était contente, elle n'avait pas vraiment l'impression de rentrer chez elle. Par contre, et c'était important à ses yeux, elle avait une pièce de travail pour elle seule. Se mettre à vivre avec des êtres qu'elle ne connaissait pas très bien, surtout des préadolescents, lui procura une sensation bizarre. Il lui fallait côtoyer une certaine intimité, malgré qu'elle ait sa salle de bain, et que Jacques partageait celle des enfants comme si elle était une étrangère.

Jeanne aussi était ravie d'avoir trouvé une grande maison où chacun aurait son espace. À l'époque elle était enceinte. C'est François qui décida l'attribution des chambres. Jeanne se projetait déjà avec le bébé et naturellement elle aurait voulu lui réserver la petite chambre près de la leur. Mais pour François, c'était comme si ce bébé n'avait pas encore d'existence. Son bébé à lui, c'était sa fille, qui lui avait manqué pendant ces quatre premières années. C'est donc elle qui prit cette chambre-là. Lorsque le petit Émile naquit, il dormit à l'autre bout de la maison et Jeanne dut garder l'oreille en alerte chaque nuit par peur de ne pas l'entendre. Marine se réveillait elle aussi la nuit parce que la séparation d'avec sa mère la perturbait, pensait-on. Pendant plusieurs mois, François se leva pour sa fille, mais jamais pour leur fils.

Le droit d'éduquer

Il est impossible de vivre avec des enfants sans participer *a minima* à leur éducation. Et si une cohérence a toujours été souhaitable entre les deux parents séparés, elle est sans doute encore plus indispensable dans le couple reformé, pour offrir un appui affectif, psychologique et matériel solide aux enfants dont les repères ont changé. Le père, encore une fois dans un souci de réparation, attend bien souvent de sa nouvelle épouse, sans le formuler, qu'elle apporte sérénité et amour après la tourmente vécue par les enfants lors de la déchirure du couple parental. Mais si le père dénie la place de sa nouvelle compagne auprès de ses enfants, non seulement l'amour sera empêché entre les uns et les autres, mais aussi l'éducation deviendra ingérable. Toutes ces attentes inconscientes vont influencer de façon décisive le jeu des rôles dans la recomposition.

C'est la confiance du père dans la capacité de sa nouvelle femme à s'occuper de ses enfants qui pourra atténuer ce sentiment de précarité des liens et de l'autorité dont les marâtres souffrent, car elles ont régulièrement l'impression – juste, car elle reflète la réalité – qu'elles donnent beaucoup d'elles-mêmes avec le risque constant que ces liens tissés si difficilement soient perdus en un instant, ou que leur couple ne repose finalement que sur leur aptitude à s'occuper des enfants. Souvent l'on entend les belles-mères se poser ces questions : m'aime-t-il pour moi ou parce que j'élève ses enfants ? Lorsque les enfants quitteront la maison, aurai-je encore ma place auprès de cet homme ?

À table, Julien est épuisant. Il dit tout de suite à Gabrielle qu'il n'aime pas ce qu'elle lui propose à manger et la jeune femme garde son agacement pour elle, ne pouvant le partager avec son compagnon. Le jour où Jean l'a soutenue, elle en fut surprise. Il intervient rarement pour l'aider à être respectée, mais cette fois-là, elle a senti qu'elle pouvait peut-être espérer vivre cette histoire moins douloureusement.

Jeanne dut faire face à ce problème également : pendant longtemps, ne s'autorisant pas le droit de sermonner ou punir Marine à cause du regard réprobateur du père qui ne lui accordait pas la légitimié d'une réprimande, l'éducation des enfants ensemble, surtout lorsqu'elle se retrouvait seule avec eux, devenait totalement absurde et incohérente. La contrainte d'épargner Marine obligeait Jeanne à se montrer beaucoup plus sévère avec ses propres enfants. D'une certaine façon, ils devaient payer pour Marine, non seulement parce que Jeanne passait sa colère sur eux, mais aussi parce qu'elle espérait que cela puisse faire exemple pour la fillette. Mais au bout du compte, cela créait une injustice flagrante que les enfants ne pouvaient comprendre.

Parallèlement à la résolution des difficultés au sein même du foyer, il fallut régler le problème de la différence entre le modèle d'éducation de la mère de Marine et celui du couple, et le chantage affectif permanent auquel elle se livrait. À la maison, il existe des règles qui assurent un équilibre entre les enfants. François et Jeanne ont appris à se concerter souvent. D'ailleurs, dès qu'ils ne le font pas les quiproquos s'installent. Tout en tenant compte de la différence entre les enfants (de vécu, de caractère, de besoin, de sensibilité), ils tentent d'éviter que l'un soit autorisé à telle chose et pas l'autre, sauf en ce qui concerne la liberté que l'on gagne en grandissant, et sauf quand le couple se rend compte, avec l'expérience, qu'il a pu se tromper. Pour les punitions, il en est de même, bien que la culpabilité paternelle soit toujours un frein à l'équité. Mais lorsque Marine part en week-end chez sa mère, le mot « sanction » n'a plus aucun sens, c'est même le contraire qui se passe : elle a non seulement le droit de faire ce qui est interdit à la maison, mais c'est presque une injonction de la part de sa mère, qui peut ainsi se faire passer pour la gentille de l'histoire. Dans ces conditions, c'est le couple qui doit être fort en face des enfants, tenir contre vents et marées.

Jean-Paul et Nathalie n'ont, entre eux, pas tout à fait la même conception de l'éducation. Jean-Paul pousse ses enfants à contester afin qu'ils acquièrent un esprit critique. Nathalie les pousse à obéir. Mais c'est souvent elle qui finit par trancher : « Votre père a dit ça ! », ce qui clôt les discussions. L'éducation des enfants n'est débattue qu'entre Jean-Paul et Nathalie. Entre lui et la mère de ses enfants, rien ne se dit, sauf en ce qui concerne l'heure des billets d'avion ou la date des vacances scolaires. Nathalie ne se sent d'ailleurs aucunement obligée d'avoir des relations avec la mère des garçons. Elle ne traite rien avec elle pour ce qui concerne leur éducation. Elle estime que celle-ci n'y entend rien, car elle ne s'en est jamais occupée. Nathalie lui reproche de n'être intéressée que par les questions matérielles : avoir peu de frais, peu de pension alimentaire, peu de contraintes. Car, par ailleurs, la mère n'a même pas idée du rythme de la journée d'un enfant, et quand elle a envie de téléphoner, elle le fait, même si c'est à une heure où ils sont couchés. C'est d'abord le nouveau couple qui élève les enfants et, s'ils veulent avoir une vie de famille harmonieuse, c'est donc d'abord pour eux-mêmes qu'ils doivent trouver leurs repères. Pour cela, Nathalie reconnaît que Jean-Paul lui a vraiment fait la place. Elle estime avoir eu toute sa considération dans sa capacité à s'occuper de ses enfants. Lorsque Nathalie voit les garçons s'adresser de plus en plus souvent à elle directement, comme étant devenue une vraie référence pour eux, elle sent qu'elle compte pour eux, qu'ils ont confiance en elle. Et cela lui réchauffe le cœur.

Caroline, au contraire, dit n'avoir jamais été invitée à dire ce qu'elle pensait de l'éducation des enfants, du moins jusqu'à aujourd'hui. Au début, dans sa tête, quand elle a connu Jacques, elle ne prenait pas les enfants avec. Ce sont leurs parents qui ont décidé la garde une semaine sur deux. Caroline a toujours été exclue des décisions, même si elle en assume les conséquences. Elle aurait voulu par exemple accompagner Stéphane pour sa première rentrée dans le nouveau collège. Mais Jacques l'en a empêchée, lui disant que ce n'était pas sa place. Elle n'a pas eu le droit non plus d'aller voir Pauline à l'hôpital lorsqu'elle s'est fait opérer. L'ancien couple parental n'a pas permis à Caroline d'avoir la moindre responsabilité vis-à-vis des enfants, la moindre implication dans leur éducation, bien qu'elle ait affaire à eux chaque jour la moitié du temps. Lorsque les enfants étaient chez leur mère et qu'ils devaient appeler à la maison pour une raison ou une autre, ils ne s'adressaient qu'à leur père, même pour des choses sans importance. Et lorsqu'ils revenaient à la maison, Caroline avait l'impression que tout était à recommencer, comme s'ils oubliaient les règles de vie. Il fallait leur rappeler à chaque retour qu'ils n'étaient pas à l'hôtel, qu'elle avait besoin d'échanger quelque chose avec eux, qu'elle n'était pas seulement là pour l'intendance. Contre toute attente, les enfants lui ont dit que cela les soulageait qu'elle provoque ce genre de débat, puisque leur père ne le faisait pas.

Pour Marie-Laure, les questions d'éducation sont incontournables. En cas de situation d'urgence, elle n'a pas l'autorité pour faire ce qu'un parent ferait. Lorsqu'elle constate un problème chez un enfant, elle alerte les parents, mais s'ils ne font rien, elle se sent impuissante. Maxime est le seul à qui Marie-Laure ait donné une claque. Avant elle, aucun adulte ne l'avait fait. Elle n'est pas spécialement fière de ce geste, mais il a montré qu'elle est finalement avec cet enfant comme avec ses propres enfants. Quand il n'a pas de limite, c'est insupportable, et quand les mots ne suffisent plus, il faut qu'il puisse s'arrêter tout de même. Tout le monde a été choqué par son audace, mais personne n'a rien dit à Marie-Laure. Les autres enfants ont cherché à comprendre ce qui s'était passé. Mais Maxime ne lui en a jamais voulu. Ils ont pu en reparler après, et cela les a rapprochés. Avant elle, personne ne tranchait jamais face à Maxime, et il n'avait confiance en personne. Il n'avait envie de rien, il ne pouvait jamais choisir. Marie-Laure a nourri ses soupçons d'envies, et maintenant il arrive à les exprimer.

Pour créer des liens avec les enfants, la marâtre doit y être autorisée par le père qui, s'il est parasité par l'ombre de LA mère, l'image de la mère idéale, la mère primordiale (la sienne, soit dans le désir de la retrouver à travers la mère de ses enfants, soit au contraire dans le besoin de réparer ses carences), ne pourra consentir à lui faire une place respectée. Dès que le père se libère un peu de sa culpabilité, dès qu'il se détache de la nécessité de « réparer » l'image de LA mère, il peut se positionner plus clairement dans la nouvelle famille et permettre qu'une porte s'ouvre entre sa compagne et ses enfants. Souvent, en effet, cette impossibilité d'amour entre la nouvelle femme et les beaux-enfants est cautionnée par le père lui-même, qui craint de perturber ses enfants, ou qui n'a pas fait totalement le deuil de son ancien couple, ou encore parce qu'une femme devenant mère prend toujours une place particulière dans l'esprit d'un homme, celle de LA mère.

Quand Gabrielle était enceinte, elle avait parfois l'impression d'être une « mère porteuse ». C'était comme si Jean choisissait non pas des femmes, mais des mères. Il avait absolument besoin d'un projet d'enfants avec sa partenaire. Faire un couple ne lui suffisait pas. Gabrielle a le sentiment que son compagnon répare un manque indicible grâce à ses enfants, ce qu'elle perçoit par les critiques incessantes de Jean envers sa propre mère, surtout lorsque celle-ci a un bébé dans les bras, comme si même ce geste pourtant simple et naturel n'était pas accompli correctement et qu'il lui en tenait rancune.

Jean-Louis aussi, très culpabilisé vis-à-vis de son ex-femme, osait peu s'opposer à elle pour ce qui concernait les enfants. Pendant une période même, il s'octroyait moins de droits sur eux, car celle-ci arguait du fait que s'il voulait être père, il n'avait qu'à ne pas être parti. Marie-Laure, comprenant ce qui se jouait, œuvra pour qu'il retrouve son autorité de père quoi qu'il se soit passé dans son couple, parce qu'elle-même, mais aussi les enfants, avaient besoin de lui en tant que tel pour l'équilibre de la famille.

Prendre sa place

C'est la parole du père qui peut, en grande partie, empêcher l'ombre de LA mère de s'abattre sur la nouvelle famille. Cette ombre se déplace de mère en mère et vient troubler la reconstruction, comme si chaque mère était l'ombre d'une autre. Est-ce un hasard si les contes de fée, écrits le plus souvent par des hommes, mettent en scène des marâtres et jamais des *parâtres* ?

C'est « le père qui fait la marâtre », dit Yvonne Knibiehler[1], car c'est par sa parole que rivalité ou amour s'installera ou non entre la belle-mère et les beaux-enfants, et par la capacité du père à avoir un regard bienveillant sur la relation entre sa nouvelle femme et ses enfants dont il peut s'extraire de temps en temps pour les laisser eux-mêmes gérer leurs sentiments. Il est très important que la belle-mère et les enfants aient leur propre relation, qu'ils s'octroient des moments à eux, pour se connaître et apprendre à s'apprécier sans le parasitage des sentiments paternels entre eux. En effet, le père ayant le pouvoir de réguler les tensions et les affects, encore faut-il qu'il soit en mesure d'endosser ce rôle, ce qui n'est pas toujours évident, nous l'avons vu, le sentiment de culpabilité venant fréquemment créer des malentendus – culpabilité générée par l'échec du couple parental, par la souffrance supposée des enfants suite à la séparation et à la « trahison » du père aimant une nouvelle femme (voire ayant un

1. Y. Knibiehler, *Histoire des mères et de la maternité en Occident*, Paris, PUF, coll. « Que sais-je ? », 2000.

nouveau bébé). Dans ces conditions, c'est la marâtre elle-même qui doit prendre l'initiative de créer sa propre place.

Au début, Jeanne ne disait rien à Marine, elle n'osait pas. Elle ne savait pas comment François réagirait, il avait été tellement protecteur jusque-là, jusqu'à être souvent injuste. Cela la rendait malheureuse. Toujours cette idée d'injustice. Un jour, elle s'avoua qu'elle ne tiendrait pas longtemps ainsi et qu'il fallait qu'elle s'implique, au risque de passer pour une vraie marâtre, plutôt que d'attendre que François soit prêt à changer. Cette décision la soulagea beaucoup (bien qu'elle ne pût encore imaginer le combat incessant qu'elle allait devoir mener pour maintenir cet équilibre pendant des années). Après tout, il n'y avait pas de raison qu'elle soit différente dans sa vision de l'éducation des enfants, même s'ils n'étaient pas tous les siens, puisqu'ils vivaient ensemble.

Ce n'est pas tant le regard de sa belle-fille qu'elle craignait, car finalement cela permit à Marine de voir que Jeanne la traitait, comparé à ses fils, sur un pied d'égalité, c'était plutôt le regard de François, qu'elle sentait toujours prêt à intervenir pour protéger sa fille, et le regard de la mère, qui souhaitait probablement que Jeanne ne s'implique pas autant, qu'elle continue de rester une sorte de « gouvernante » qui fait ce qu'on lui dit de faire. D'ailleurs, Jeanne subit des réflexions, des sermons démagogiques de la part de celle-ci, quand elle commença à changer ses rapports avec Marine. Elle tint bon, et ne le regretta pas, car cela renforça ses liens avec la fillette. Finalement François, se libérant peu à peu de sa culpabilité et faisant de plus en plus confiance à sa nouvelle femme, la suivit tant bien que mal dans sa démarche, même si parfois de vieux réflexes persistent à le rattraper.

Les enfants ont besoin qu'on les traite justement, et pas seulement avec des gratifications. Une bêtise non punie, par exemple, peut être vécue par l'enfant comme une marque de désintérêt. Qui aime bien châtie bien, dit le proverbe ; et les enfants le perçoivent parfaitement. Après ce forcing, il fallait un minimum de soutien de François pour que Jeanne put se sentir responsable de l'éducation de Marine, de sa santé, de sa scolarité, peut-être même au-delà de ce qu'elle aurait fait si elle avait été sa propre fille, sans doute pour prouver qu'elle ne la laissait pas de côté sous prétexte qu'elle n'était pas sienne. À présent, les choses sont bien sûr très différentes de ce qu'elles étaient au tout début, car les enfants ont grandi. Tout cela ne s'est pas fait en un jour, mais le couple a construit une famille qui est devenue pour Jeanne de plus en plus cohérente en ce qui concerne leur rôle, à François et elle, par rapport aux enfants, malgré la complexité de la situation.

Aujourd'hui, Caroline n'a plus aucune relation avec l'ex-femme de Jacques. Elles s'évitent. Pourtant, au début, elle avait envie de faire des efforts, pour les enfants. Mais à cette époque, dès que Caroline s'absentait, l'ex-femme venait manger à la maison sans qu'on le dise à la nouvelle, et Caroline vivait très mal ces « trahisons ». Tout lui semblait se passer en cachette et, depuis, la dissymétrie perdure entre les deux femmes, comme si la première n'avait pas été « détrônée » dans l'esprit de la seconde.

Mais petit à petit les relations ont pu changer lorsque Caroline s'est mise à parler directement aux enfants, sans attendre qu'on lui en donne la permission, pour qu'ils comprennent qu'ils pouvaient échanger ensemble beaucoup plus que le superficiel du quotidien. Ce changement a permis à Stéphane de se confier à sa belle-mère, de lui avouer ses peines et sa difficulté à trouver sa place entre sa mère et elle. Cette conversation coïncidant avec l'annonce de sa grossesse, Caroline communiqua à son beau-fils son désir de projets à cinq, sans que la mère des enfants ne s'approprie leur vie de famille. Par là, elle signifiait que les deux foyers ne pouvaient plus être mélangés sous peine que personne ne s'y retrouve.

À l'époque où Caroline avait « craqué », quittant Jacques quelque temps avant la conception d'Arthur, elle avait donné rendez-vous aux enfants, pour leur parler, sachant qu'ils vivaient mal son départ. Leur mère voulait être présente et assister à la discussion, se méfiant de ce que « l'ex-belle-mère » pouvait encore avoir à dire aux enfants. Caroline se sentait encore et toujours considérée comme une adolescente irresponsable par l'autre femme. Mais cette fois-ci elle tint bon et put voir les enfants, seule, saisissant l'occasion de leur dire surtout que ce n'était pas à cause d'eux qu'elle était partie, et qu'ils pouvaient continuer de se voir même si c'était difficile entre leur père et elle. Stéphane a été soulagé, car il se sentait effectivement responsable du départ de Caroline. Les liens se tissent même si Caroline ne se sent pas encore assez sûre d'elle pour s'occuper seule des enfants. Mais malgré cela, elle est contente de ses relations avec Pauline et Stéphane, même s'ils sont des adolescents et que ce n'est jamais simple à cet âge. Il existe entre eux un lien chaleureux parce que ce sont eux qui lui ont donné une place. Ils savent finalement mieux qu'elle où elle se situe, et quand elle vit ces moments privilégiés avec eux, Caroline se dit que s'il n'y avait pas l'interférence de leurs parents, leur relation serait formidable.

Se retrouver

Il faut pouvoir préserver le nouveau couple, qui n'a jamais vraiment goûté la véritable insouciance, celle des premiers amants, seuls au monde et rêvant de bâtir un jour un foyer. Les amants « recomposés » n'ont jamais connu l'exclusivité, ils se voient entre la compétition de judo de l'un des enfants et l'examen de violoncelle de l'autre, quand ils ne sont pas contraints de prendre des vacances séparées, si leurs « ex » respectifs n'ont pas opté pour les mêmes périodes !

S'octroyer des moments d'intimité de couple tient souvent de l'acrobatie ou du jonglage. Pourtant, ils sont l'oxygène nécessaire d'une relation qui doit être solide à deux avant de devenir familiale. La force du couple recomposé, c'est aussi une vie individuelle préservée, comme dans tout autre couple, et peut-être plus encore. Si l'un et l'autre s'épanouissent dans leur vie individuelle, ils n'en auront que plus de facilité à mettre de la distance avec les épreuves de la recomposition.

Se retrouver « en amoureux » est essentiel pour Nathalie. Tant que Pablo n'était pas né, Jean-Paul et elle s'organisaient de temps en temps des week-ends sans enfants. À présent ces moments d'intimité sont rares, ils ont même du mal à déjeuner ou dîner en tête à tête. Lorsqu'ils vivaient encore dans la même région, la mère de Loïc et Martial ne leur octroyait pas beaucoup de liberté ; il n'y avait pas d'arrangement possible si ce n'était pas prévu, en tout cas pas pour les satisfaire, eux. Et aujourd'hui, la famille étant loin, les grands-parents surtout, Jean-Paul et Nathalie apprécient de pouvoir s'appuyer sur des amis pour se soulager. Pour Nathalie, il est indispensable de retrouver des moments où elle peut être femme et non plus mère ou belle-mère.

La présence de Julien prive Gabrielle d'être en couple avec leurs enfants chez ses parents, et aussi du besoin de se retrouver seulement avec Jean et leurs propres enfants, car celui-ci réagit très mal au fait que Julien soit difficilement accepté par les parents de Gabrielle. Cette situation ne permet pas au couple la liberté dont il aurait besoin et dont Gabrielle semble être seule à prendre conscience.

Lorsqu'on devient en peu de temps une famille de cinq personnes, comme ce fut le cas pour Jeanne et François, beaucoup de choses changent. Et cinq est un chiffre minimum chez eux, puisqu'au début ils prenaient souvent Joseph, le demi-frère (côté maternel) de Marine, et qu'aujourd'hui ils accueillent de plus en plus souvent Pierre, le fils naturel de François. Alors il faut accepter quelques renoncements. Ils sortent peu tous ensemble. Ils ne peuvent pas partir très loin en vacances, ils n'ont pas le budget nécessaire... et puis se déplacer quand on est trop nombreux est parfois tellement compliqué que le projet est abandonné. Les amis n'ont pas la même spontanéité à les accueillir. Tous les enfants n'ont d'ailleurs pas forcément les mêmes envies au même moment. Il faut trancher à leur place. Décider qui fait quoi et quand, même s'il y a des protestations. La plupart du temps, lorsque Niels, le fils de Jeanne, était chez son père et Marine, sa belle-fille, chez sa mère, le petit Émile demandait à aller soit chez un copain, soit chez ses grands-parents. C'était une façon d'équilibrer les choses et cela permettait à François et à Jeanne d'être seuls... bien que, finalement, ces moments de retrouvailles aient aussi été l'occasion de règlements de comptes !

CHAPITRE IV

La belle-maternité

Le chemin de l'amour

Les dés sont jetés. Hier, vous étiez femme et, pour certaines, mère ; aujourd'hui, vous êtes marâtre. Cette nouvelle définition de vous-mêmes tend à éclipser tout le reste, tant le mythe a la vie dure. Si les contes de fées montrent toujours des facettes authentiques de personnages que nous reconnaissons facilement, chez la marâtre c'est la haine qui prévaut, la jalousie. Mais que seraient ces sentiments s'ils n'étaient sous-tendus par l'amour ?

Qu'elle soit jeune marâtre, avec un ou plusieurs enfants, à elle ou pas, à temps complet ou en garde alternée, selon que les enfants de son conjoint sont petits ou déjà grands, selon qu'il s'agit de filles ou de garçons, dès lors qu'une femme est amenée à s'occuper des enfants d'une autre, elle endosse une fonction, à défaut d'une place, dans la généalogie de cet enfant.

De même que certaines cultures distinguent les parents de naissance et ceux de croissance, ceux qui élèvent l'enfant, l'aident à grandir, la marâtre peut en effet être considérée comme une mère par extension, par élargissement du maternage dispensé par la mère biologique, une « maternante », même s'il existe une autre femme, la génitrice.

Mais la date de la naissance de l'enfant est pour la belle-mère celle de la rencontre avec lui. C'est à partir de ce moment que progressivement les liens d'attachement se mettent en place, ou pas, entre elle et l'enfant. L'amour d'une marâtre doit « s'apprendre », s'apprivoiser, car elle n'a pas bénéficié de l'état propre à celle qui met au monde, état que Winnicott appelle « la préoccupation maternelle primaire[1] » et qui permet aux liens d'attachement de s'installer mutuellement. La marâtre monte dans un train déjà lancé. Il lui faut psychiquement refaire avec l'enfant le chemin de la connaissance, du

1. D. W. Winnicott, « La préoccupation maternelle primaire », in *De la pédiatrie à la psychanalyse*, Paris, Payot, 1956.

contact, du souci, du devoir, du *holding*[1], comme une « préoccupation maternelle tardive » qui viendrait combler petit à petit l'absence de sensorialité partagée, fondatrice du lien mère-enfant.

N'ayant pas porté l'enfant dans sa chair, la belle-mère ne peut trouver de prolongement d'elle-même dans l'enfant d'une autre, sentiment conjurant ordinairement l'idée de la mort. C'est comme une stérilité qui lui serait imposée. Les belles-mères ne sont en effet pas vraiment des mères adoptives, car l'enfant n'a pas été abandonné, mais les mères adoptives et les marâtres ont toutes deux en commun ce vide que représente leur absence aux tout-premiers moments de la vie de l'enfant. Elles n'ont ni porté l'enfant en elles, ni accueilli son premier contact avec le monde.

Quel que soit le parcours qui a mené la marâtre à s'occuper de l'enfant d'une autre, et même s'il arrive très jeune dans sa vie, il n'en reste pas moins que le « travail psychique de la maternité » n'a pu se faire, et elle se voit imposer un enfant déjà imprégné de la maternité d'une autre, et désiré par

1. Le *holding*, pour Winnicott, est la fonction de soutien que procure la mère à l'enfant, particulièrement au stade de la dépendance absolue de l'enfant à la mère.

elle. Alors que les parents, y compris les parents adoptifs, ont des rêves, des projections, des désirs pour leurs enfants, la marâtre, elle, n'a pas eu ce désir d'enfant, et elle n'a pas non plus – du moins, au départ – de désirs pour cet enfant-là. Pourtant, elle se voit le « porter » dans cette nouvelle vie pour l'un et l'autre, et tenter de lui offrir un environnement « suffisamment bon », sécurisant, en s'adaptant en premier lieu à ses besoins.

Jeanne a beaucoup évolué depuis qu'elle est devenue belle-mère. Elle raconte que lorsqu'elle était adolescente, une femme, mère d'un petit garçon, lui avait dit : « Je te souhaite d'avoir un enfant comme celui-là plus tard, il s'élève tout seul ! » Malgré son absurdité, elle avait gardé cette sentence en mémoire et, lorsqu'elle fut à son tour jeune mère d'un petit garçon, elle eut la certitude que cet enfant allait « s'élever tout seul » lui aussi. Cette croyance l'arrangeait puisqu'elle n'avait aucune idée, à l'époque, de la manière dont on élève les enfants, manquant singulièrement de références.

Marine était encore une toute petite fille en arrivant à la maison. Jeanne n'était pas préparée à la recevoir. Le nouveau couple allait avoir un bébé et François n'aurait jamais supporté l'idée de vivre avec ce nouvel enfant alors qu'il n'avait jamais vécu complètement avec sa fille. La mère de Marine s'était emparée du sentiment de culpabilité de François pour reprendre sa liberté. La décision avait donc été prise hâtivement, on n'avait du reste rien demandé à Jeanne. Elle n'avait d'autre choix *a priori* que d'accepter, bien qu'ayant le sentiment que les choses étaient peut-être précipitées, mais chacun avait ses raisons personnelles pour ne pas le reconnaître. C'était pour elle une épreuve d'autant plus lourde que, enceinte, elle se préparait psychiquement à être mère une seconde fois, et que, dans le même temps, il fallait qu'elle « adopte » Marine, une enfant déjà conçue et en manque constant de sa vraie mère.

Chaque fois que Marine traversait un moment difficile, il fallait que Jeanne soit là, disponible. Instants ignorés de tous, sauf d'elles deux et de Niels, le premier fils de Jeanne, qui devait en souffrir en silence, car ses douleurs à lui ne pouvaient être entendues. Comment auraient-elles pu l'être ? De quoi aurait-il eu à se plaindre puisqu'il avait sa mère, lui ? Se sentait-il lésé, dépossédé ? Était-il jaloux ? Jeanne n'en savait rien, comme si elle était sourde à ce qu'il pouvait ressentir. Elle ne voulait pas savoir de telles choses, alors qu'elle s'évertuait à réparer auprès de Marine le manque et les défaillances de sa mère. Mais à mesure que Jeanne prenait conscience, auprès de cette enfant qui n'était pas la sienne, de l'importance d'une maman pour un enfant, elle découvrait avec une immense culpabilité la mère sans consistance qu'elle avait été pour son fils aîné et elle ressentait avec urgence le besoin de réparer.

Peu à peu les fils de la maternité se tissaient, se tricotaient. Jeanne devenait tout simplement mère en devenant belle-mère. Ce sentiment maternel lui avait été étranger jusque-là, car elle croyait trop peu en elle ; mais à présent Jeanne sentait qu'elle comptait pour les enfants, qu'elle était importante pour eux.

Au début, ce fut très troublant, elle faisait souvent des cauchemars, rêvant qu'elle allait mettre au monde un enfant, mais ne ressentant rien, comme si elle n'avait pas vécu sa grossesse – un vide énorme, la sensation d'accoucher d'un être étranger. Puis, Jeanne se surprit à aimer avoir cette petite tribu autour d'elle. Étouffée d'abord, fatiguée par trop de charges d'un seul coup, elle trouva progressivement une quiétude dans cette ambiance familiale.

Son mari étant régulièrement absent de la maison à cause de son travail, Jeanne se retrouvait donc souvent seule avec les trois enfants après la naissance d'Émile. La vie était réglée autour d'eux. Le soir ils se couchaient de bonne heure, et Jeanne les laissait passer un moment dans son lit pour chanter des chansons ou lire des histoires. Jamais elle n'avait connu cette chaleur-là, que tous semblaient partager avec elle, ni ce véritable et tout nouveau sentiment de plénitude.

Séparations

Il est douloureux pour une belle-mère d'avoir conscience des liens affectifs avec un enfant qui finira tôt ou tard par la quitter. C'est le destin de tous les enfants, même les siens propres, mais les enfants d'une autre, une fois qu'ils sont partis, on n'est jamais sûre qu'ils ne vous oublieront pas, d'autant plus qu'ils auront à rattraper du temps avec leur vraie mère. C'est un peu comme d'épouser un homme : on a une belle-famille, mais si l'on divorce, on disparaît le plus souvent de la vie de cette belle-famille, pour laquelle on n'est rien sans cet homme. Les liens qui semblaient s'être construits ne résistent pas à la séparation.

Plus encore que dans d'autres familles, la vie d'une famille recomposée expose tous ses membres à des séparations fréquentes, même lorsqu'elles ne sont que momentanées : les allers-retours des enfants d'un foyer à un autre, les décisions lorsque l'un d'entre eux souhaite tenter (ou retenter) l'expérience de vivre chez l'autre parent, tous ces moments où l'on a l'impression qu'il y en a toujours un « qui manque ». Ces discontinuités sont certainement difficiles pour chacun, des instants de déchirement plus ou moins intense, auxquels il n'est pas sûr que l'on s'habitue malgré leur répétition, bien au contraire.

Alors que Nathalie s'habituait à vivre avec ses beaux-fils, elle vécut douloureusement le départ de son fils Renaud. Depuis tout petit, il souhaitait vivre avec son père qu'il idolâtrait, contrairement à Loïc et Martial qui n'ont jamais demandé à aller habiter chez leur mère. Il avait peut-être besoin de vivre avec son idole pour casser son image. Les mauvais résultats scolaires de Renaud avaient été interprétés par les enseignants, le père et la psychologue comme une nécessité de changement de cadre de vie. Nathalie eut du mal à l'entendre, ne se sentant pas assez forte pour vivre une telle déchirure. Peu à peu, cependant, portée par sa nouvelle famille, elle l'accepta.

Renaud partit. Nathalie ne fit pas payer à Loïc et Martial la souffrance ressentie par l'absence de son fils. C'est à Renaud, et à lui seul, qu'elle en veut de l'abandon qu'il lui a fait subir. Elle ne peut s'empêcher d'être agressive envers lui, et s'en excuse à chaque fois. Elle ne veut pas qu'il revienne tous les mois comme le font Loïc et Martial avec leur mère, chaque séparation rouvrant la blessure maternelle. Elle espère toujours que pendant les grandes vacances les liens vont se reconstruire, et chaque fois elle est déçue. Il n'est pas si facile, pour une mère, de renouer le contact avec son enfant après des périodes d'interruption.

Jeanne, elle, s'est beaucoup raisonnée lorsque Marine, adolescente, a émis l'idée de passer une année, « pour voir », chez sa mère. Il ne fallait pas le prendre comme un échec, il ne fallait pas s'inquiéter, il fallait voir les aspects positifs, c'est-à-dire le besoin de Marine de faire l'expérience de la vie auprès de sa mère, pour connaître celle-ci autrement que dans des moments courts et privilégiés. Et puis, une fois les larmes coulées, les consignes énoncées, les projets d'avenir reformulés, tout s'est dégonflé quand LA mère a avoué qu'elle ne se sentait pas en mesure de recevoir sa fille. Marine a surmonté cette désillusion. Après la colère et la tristesse, elle a finalement accepté les limites de sa mère, ce qui lui a permis de s'en libérer, comme si elle se soulageait ainsi du poids du fantasme qu'elle avait, depuis toute petite, que sa vie était ailleurs.

Souffrances partagées

Dans ce travail psychique nécessaire à accomplir par la marâtre, le manque de la vraie mère, dont l'enfant souffre et auquel il faut bien faire face, tient une grande place. Un enfant, surtout s'il est petit, ne se sépare pas de sa mère aussi facilement, même en sachant qu'il la reverra dans quelques jours, même en ayant la possibilité de téléphoner, même en ayant son père, des gens attentifs autour de soi, et un doudou empreint de l'odeur maternelle. Un petit enfant ressent, avec un déchirement interne plus ou moins douloureux, l'absence de sa mère, et même s'il trouve dans son entourage des soins suffisamment bons, rien ne remplacera les liens avec LA mère, toujours investis très fortement puisqu'elle existe toujours.

Boris Cyrulnik, dans *Les Nourritures affectives*, confirme que même dans les sociétés où l'enfant est élevé par un réseau de femmes, « la mère biologique garde [...] un privilège affectif. Il semble que la continuité sensorielle mère-enfant constitue le socle du sentiment de permanence nécessaire à la construction de l'identité de l'enfant ».

Tout attentif que l'on puisse être, la douleur d'un enfant séparé vient réveiller des douleurs d'enfant qu'on a tous en soi, ces moments où notre mère n'était pas là et où personne ne possédait cette qualité de présence irremplaçable, ce lien primaire. Ces brèches réouvertes ne permettent pas toujours l'empathie. Quelquefois la douleur est si vive qu'au contraire le mouvement de l'adulte est de la refouler aussi profondément que possible : « Ne pleure pas, je ne le supporte pas, car tes pleurs et ta douleur sont les miens que j'essaie d'oublier. »

Alors qu'elle était seule en vacances avec les trois garçons, un soir Marie-Laure retrouva Corentin prostré, hébété. Il avait l'air d'aller très mal. Elle ne savait pas ce qui s'était passé. Mais il ne put se calmer qu'en dormant auprès de sa belle-mère. Cette situation mit Marie-Laure très mal à l'aise : un tel rapprochement aurait pu être mal interprété puisque Corentin n'était pas son fils. Elle appela la mère du garçon pour lui en parler – que pouvait-elle faire de plus ? Les enfants se confient à Marie-Laure pour qu'elle les aide. Mais elle ne peut agir qu'indirectement. La seule chose qu'elle puisse faire est de les écouter, ce qui n'est pas si mal, mais ne rien pouvoir faire d'autre la frustre : cela la renvoie à la réalité qu'elle n'est pas LA mère, et qu'elle n'a qu'à se mêler de ses affaires. Il existe une disproportion entre ce qu'elle reçoit comme confidences, sollicitations, de la part des enfants, et les réponses qu'elle peut leur apporter.

Jeanne et Marine ont elles aussi partagé tous ces moments de torture, au retour de la fillette après un week-end chez sa mère, après qu'elle eut raccroché le téléphone, ou bien quand il était l'heure de s'endormir : ces moments terribles où la haine de l'autre, de LA mère, s'accumule, parce qu'elle est absente et que c'est l'enfant dans l'adulte qui la réclame aussi pour s'apaiser ; ces moments où Marine appelait, interrogeait, sollicitait, prenait, volait quelquefois du temps à Jeanne, à sa vie, du temps qu'elle aurait dû consacrer à ses propres enfants, à son couple ou à elle-même. La fillette voulait savoir, elle voulait comprendre pourquoi elle était là, et pourquoi sa mère ne l'était pas. Elle s'inventait une histoire : elle avait été enlevée à sa mère, celle-ci ne voulait pas la laisser partir mais elle n'avait pas pu faire autrement. Jeanne se sentait coupable d'avoir laissé faire une chose pareille, de n'avoir rien dit parce qu'elle n'aurait pas été entendue.

Lorsque la belle-mère est le témoin des souffrances de l'enfant, le mouvement de répulsion, de rejet, qui n'est autre qu'un mouvement de défense de l'adulte, de protection de soi-même, s'associe quelquefois au côté « animal » (comme disent les mères biologiques). Cette sorte de familiarité sensorielle qu'on ne retrouve pas chez cet enfant, et l'interdit du toucher que la belle-mère s'impose implicitement, le tabou de l'inceste étant très présent, en particulier vis-à-vis des garçons créent un véritable barrage entre lui et l'adulte. Toutes ces réactions doivent être dépassées sans brusquerie, de part et d'autre, pour qu'un échange affectif « complet » puisse exister.

Nathalie reconnaît que pour consoler, rien de tel que les câlins, mais les garçons et elle ne s'en font jamais car ils ne sont réservés qu'à leur père, peut-être parce qu'ils se protégeaient beaucoup tous les trois de l'extérieur quand Nathalie pénétra dans leur univers.

Jeanne dénonce, elle aussi, la difficulté de s'approcher physiquement d'un enfant qui n'est pas le sien. Quand elle connut Marine, celle-ci était encore presque un bébé. Elle n'avait pas trois ans et pourtant, elle apparaissait à Jeanne comme un grand enfant. La jeune femme n'arrivait pas à l'embrasser. Dans la chevelure épaisse de la fillette, la sueur humidifiait en permanence son cuir chevelu et la jeune femme trouvait cette odeur acide, ce qui l'éloignait. Ce n'était pas une odeur familière. Lorsque les fils de Jeanne étaient bébés, il fallait qu'elle se retienne pour ne pas les étouffer sous ses baisers. Elle les dévorait. Leur petit parfum de lait était délicieux. Mais cette petite fille-là, comme tout autre enfant en général, n'attirait pas Jeanne. Peut-être à cause de toutes les précautions que son père imposait de prendre pour l'approcher et qui créaient une distance entre elle et la fillette. Mais peut-être aussi parce que, de même que tous les adultes ne sont pas attirants, on n'est pas forcément attiré par tous les enfants.

Tout cela déroutait Jeanne, d'autant plus que, de son côté, Marine demandait beaucoup. Elle n'en avait jamais assez. Elle obligeait sa belle-mère à sortir de sa réserve, de cette « neutralité » qui l'arrangeait bien. Jeanne avait l'impression d'être en permanence testée, d'avoir à faire ses preuves, de devoir se montrer à la hauteur. Ce n'était pas juste, pensait Jeanne. Elle n'avait rien demandé. Elle voulait que cette enfant la laisse tranquille. Elle ne voulait pas avoir de fille. Et celle-là n'était même pas la sienne. Pourquoi fallait-il qu'elle se mette à l'aimer comme si elle l'avait faite ?

Et puis, d'année en année, les liens se créèrent, dans la douleur ou dans la joie, et même si Jeanne a peu d'élans, il y eut les soins qu'elle apporta à la petite fille, nécessités par un léger handicap de naissance. Pendant plusieurs années, Jeanne et Marine affrontèrent ensemble médecins, kinésithérapeutes, hôpitaux. Comme un vaillant petit soldat, Jeanne tenait la main de Marine et contenait la peur de la petite fille lorsqu'elles attendaient dans des salles remplies d'enfants déformés, désarticulés, démantibulés, où le regard fuyant des adultes n'osait croiser le sien. Comme si seuls les vrais parents pouvaient éprouver de la détresse en affrontant ces « cours des miracles », et que Jeanne, simple belle-mère, en était à l'abri. Et puis il fallut masser l'enfant chaque soir. Soulageant Marine de ses maux du corps, elle calmait sans doute aussi ses maux du cœur. Cela remplaça peut-être les câlins qui n'étaient pas spontanés, car aujourd'hui, en retour, Marine est très proche de sa belle-mère, physiquement, elle est d'une grande tendresse. En un sens, Jeanne fut apprivoisée, et ainsi elle peut accepter beaucoup plus facilement les démonstrations affectives de Pierre.

Stéphane, de son côté, reproche à Caroline qu'ils ne se touchent jamais, alors qu'il le fait avec sa mère. Malgré son corps d'adolescent poussé trop vite, il a encore le besoin enfantin de câlins. Il cherche toujours le rapproché pour se guérir des souffrances de la séparation. Mais l'âge où Caroline l'a connu a été un obstacle pour s'autoriser une telle proximité [1].

Quant à Maxime, il mit un an avant d'accepter d'embrasser Marie-Laure. Mais elle sait que la retenue du garçon n'est pas spécifique à elle. Au début, celui-ci ne voulait pas du tout l'approcher, puis il a commencé à le faire quand son père n'était pas là. Probablement avait-il peur d'être pris en défaut de trahison de sa mère, mais plus à présent, car quelquefois il retrouve Marie-Laure dans l'intimité de la chambre ou dans la salle de bains, et il se met à pleurer, blotti contre elle.

La jeune femme a besoin de contacts physiques, sinon les enfants sont des étrangers pour elle. Avec Angèle, par exemple, cela s'est passé très facilement. Elles se prennent dans les bras, elles s'embrassent, elles se massent. Marie-Laure ne les force

---

1. La distinction entre le langage de la tendresse et celui de la sexualité est troublé par l'adolescence, lorsque le jeune se découvre des pulsions inconnues jusque-là. La marâtre se tient donc à distance pour éviter toute confusion.

pas, ni les uns ni les autres, mais spontanément elle a des élans vis-à-vis d'eux parce qu'elle est naturellement affectueuse.

L'enfant-lien

Malgré les résistances, paradoxalement, le fantasme des liens de sang apparaît fréquemment entre les lignes du discours des marâtres. Flattées qu'on les prenne pour les vraies mères, qu'on leur trouve des ressemblances, mais blessées que la vérité soit autre. Les liens sont ceux de « non-sang », il s'agit d'une parenté par alliance, de « deuxième type », car ils prennent corps à travers celui de l'enfant du couple, demi-frère ou demi-sœur, qui relie chaque membre de la famille.

Une marâtre aura davantage le sentiment d'appartenir à la famille de ses beaux-enfants en mettant au monde un (ou plusieurs) autre enfant du même père. C'est ce nouvel enfant qui fait le lien de sang, et soulage parfois miraculeusement bien des tensions.

Pour la belle-mère d'abord, qui, en devenant mère tout simplement ou mère grâce à cet homme-là, ne ressent plus aussi durement ce sentiment de frustration, de stérilité. Elle accède au pouvoir que l'autre, LA mère, détenait jusque-là et sa présence dans la famille gagne une légitimité que sa place d'épouse ne suffisait pas à lui donner aux yeux des beaux-enfants.

Pour la fratrie ensuite. Lorsque l'enfant paraît, une foule de têtes se bouscule au-dessus du berceau. Des blonds, des bruns, aux yeux bleus ou marrons, cheveux lisses ou frisés, des filles et des garçons. Ils n'avaient auparavant rien en commun, ni entre eux, ni avec la belle-mère. Dorénavant, ils ont un petit frère ou une petite sœur, de cette femme-là. Un « enfant de l'amour » qui possède le privilège d'avoir sous son toit son père et sa mère réunis et qui devra s'y retrouver dans tous ces tissages et parfois métissages qui composent sa grande famille.

Mais est-ce vraiment un privilège ? La question reste ouverte, car le nouveau couple risque de ne pas trouver tout de suite ses repères quant à la nécessité d'être parents ensemble et non plus seulement chacun de son côté. Ce nouvel exercice oblige l'un et l'autre à une souplesse d'adaptation quasi quotidienne.

La naissance d'Arthur a changé les rapports de Caroline avec les autres membres de la nouvelle famille. Du côté des enfants, Pauline est moins expressive que Stéphane, mais tous les deux étaient très contents d'avoir un petit frère. Ils ont craint pour leur belle-mère pendant la grossesse, ils étaient attentifs à ce que tout se passe bien, ainsi que pour l'accouchement. Ensuite est venue la crainte d'avoir moins de place auprès d'elle. Surtout Stéphane, qui avait aussi des questions sur le rapport de son futur petit frère avec sa propre mère à lui. Il cherchait un lien, ne comprenait pas qu'il n'y en avait aucun, en dehors de lui.

C'est Jacques qui avait souhaité leur annoncer, seul, que Caroline était enceinte. Il ne voulait pas qu'elle soit confrontée aux réactions que cela allait produire sur les enfants. Stéphane fut en crise pendant plusieurs mois. Il projetait d'étouffer le bébé quand il serait là. Il avait peur que son père ne l'aime plus, surtout après avoir appris que ce serait un garçon et qu'il ne serait donc plus le fils unique de son père. Mais au fil de la grossesse, il s'est mis à garder certains de ses jouets pour le bébé. Et quand Arthur est né, il a été en fusion totale avec lui, s'en occupant tout le temps, alors que Pauline était plutôt spectatrice.

Du côté de Caroline ensuite. Le fait de devenir mère lui a donné plus d'assurance. Elle se sent davantage à l'écoute des enfants. Elle a l'impression d'avoir plus de préoccupations maternelles vis-à-vis d'eux. Elle prend plus de poids avec Arthur à ses côtés, car le rythme qu'impose le bébé la fait s'imposer aussi, ce qu'elle n'osait pas. Elle se sent redevenir elle-même grâce à la maternité. Avant, elle prenait mille précautions. Maintenant, elle s'autorise à dire ce qu'elle a à dire aux enfants, même si c'est contre l'avis de Jacques, contre sa culpabilité surtout, contre sa méfiance vis-à-vis de Caroline avec ses enfants.

Pourtant, même si elle est la mère de leur frère, elle ne se sent toujours pas encore de leur famille. Elle est attachée à eux, elle les trouve « formidables », mais si demain elle devait partir, elle ne se sentirait pas responsable de ce qu'ils deviendraient. Elle n'a pas encore de sentiment d'appartenance. Peut-être cela vient-il du fait, encore une fois, que pendant longtemps elle n'a pas eu droit à une responsabilité vis-à-vis d'eux et que cela l'a empêchée de s'investir dans leur éducation, mais peut-être aussi parce qu'elle les a connus déjà grands et qu'il y a tout un chemin qu'on ne rattrape pas, surtout lorsqu'il s'agit des années d'enfance, si marquantes dans la vie de chacun.

Du côté de Jacques enfin. Caroline perçoit qu'il porte sur elle un autre regard, sans doute parce que la maternité l'a épanouie, mais également parce que cela permet à son compagnon de faire le deuil de son ex-couple. Jacques craint toujours un peu de s'investir à nouveau. Il le fait très doucement, même si, malgré lui, il évolue aussi grâce au bébé. Il ne voulait pas de cet enfant et Caroline le comprenait. Il était âgé, il souffrait encore de la séparation. La perspective d'avoir un bébé fermait définitivement la porte à son ex-femme. La naissance d'Arthur a mis un terme à un espoir auquel il ne renonçait toujours pas et a modifié la relation de couple en conséquence. De plus, Jacques a été déculpabilisé de voir que ses enfants ont bien vécu cet événement.

Comme Caroline, c'est dans le regard de Jean-Louis surtout que Marie-Laure pense avoir changé, à partir du moment où elle a été mère de son enfant. Avant, LA mère c'était l'autre.

Dans le cas de Nathalie, la naissance de Pablo a produit un impact considérable sur Renaud, soulagé de ne plus être un enfant « unique ». Il a considéré sa mère différemment en la découvrant en train de s'occuper d'un petit enfant comme elle avait dû le faire de lui, ce dont il n'avait pas souvenir. Pablo a lié Renaud aux autres garçons, et il est ainsi devenu le grand frère de tout le monde, les trois enfants adorant le petit dernier sans rivalité, du moins sans rivalité mortifère.

Pour Gabrielle aussi, la naissance d'un enfant a été un événement familial très dynamisant. Malgré son manque de tendresse envers Julien, elle voit qu'il adore la petite sœur qu'elle lui a donnée. C'est encore la seule chose positive qu'elle perçoive en lui, mais le fait est qu'elle est attendrie quand elle le regarde jouer avec Aurélie. Il aurait pu en être jaloux, mais il montre plus que tout qu'il l'aime énormément. Ce qui les relie, Gabrielle et lui, c'est que même s'il n'y a pas d'amour entre eux directement, ils se partagent l'amour d'Aurélie.

La mère de Marine, elle, disait à sa fille que l'important était de sortir du même ventre, en l'occurrence le sien. Elle gommait ainsi les liens fraternels qu'avait l'enfant en dehors de sa mère. Aussi, pendant longtemps, le discours de Marine fut-il imprégné de la conviction maternelle, sa « théorie du ventre » : on avait le sentiment qu'il y avait « son frère » (le demi qu'elle a du côté de sa mère) et les autres, même si elle n'a vécu que quatre ans avec le premier, les quatre premières années de sa vie, contre tout le reste d'enfance et d'adolescence avec Niels et Émile.

Jeanne ne veut pas rentrer dans ces termes de « demi » ou « par alliance » ou autre formule. Ils sont frères et sœurs, point. Quand Émile est né, la jeune femme a pris une immense feuille et elle a commencé par tracer son arbre généalogique, qui, par l'étendue des noms sur une seule génération et les flèches nécessaires à sa compréhension, ne ressemble pas du tout aux arbres classiques. Elle l'a accroché au mur de sa chambre. Pour Émile, cette famille, compliquée pour d'autres, est ce qu'il a toujours connu ; il ne s'y est jamais senti perdu, bien que chaque enfant qui la compose soit un enfant unique de chaque couple formé successivement. Quand Pierre s'est annoncé dans la famille, une des premières choses que Jeanne a faites pour lui, c'est encore un arbre. Il le garde précieusement depuis ce jour.

CHAPITRE V

L'être et le faire

Les contraintes

Malgré l'arrivée d'un enfant dans le nouveau couple, il est une chose que la marâtre ne connaîtra jamais avec les enfants du premier lit : l'évidence du lien généalogique. Cette absence lui fait constamment sentir une possible menace d'abandon de la part de l'enfant de l'autre. La belle-mère tente alors moins de conquérir l'amour de celui-ci que de compenser sans relâche par le « bien faire » l'absence de lien généalogique avec lui.

Même lorsqu'elle remplit – tant bien que mal – sa fonction, qu'est-ce qui fait la différence entre une vraie mère et une belle-mère ? L'être et le faire. La mère « est » la mère ; la belle-mère « fait » la mère. La maternité est du côté de l'être, le maternage est du côté du faire.

Cependant, si les mères peuvent marquer cette différence face aux professionnelles à qui elles confient leurs enfants, la limite entre les deux termes devient moins évidente lorsque la belle-mère s'investit et est investie affectivement par l'enfant dans un contexte familial et non plus de gardiennage.

Tout ce que Gabrielle fait pour Julien – en particulier le nourrir, cet important geste maternel –, elle le fait avec sa raison, et non pas avec son cœur. Si Julien refuse ce que Gabrielle lui propose, elle en déduit qu'il ne veut pas d'elle, qu'il ne l'accepte pas comme une mère.

Du côté de Jeanne, en plus des nuits difficiles, au début, quand Marine s'installa à la maison, la jeune femme vécut vraiment sa présence comme une privation de liberté. Elle avait ses habitudes avec le père de son fils, elle pouvait se dégager des pauses pour elle de temps en temps. Là, soudain, elle se sentit enfermée entre quatre murs, même quand son fils était absent. Cela lui semblait très injuste et François semblait l'ignorer. Encore aujourd'hui, elle a sans cesse le sentiment que Marine ne s'adresse à elle que pour ce qui concerne ses besoins. Certes, c'est Jeanne qui s'est occupé d'elle. Sa mère n'a eu qu'à se charger du plaisir, à continuer d'être LA mère, sans effort. Jeanne a dépensé une énergie considérable pour faire toujours plus et toujours mieux. D'autant plus que, contrairement aux idées reçues, on est toujours plus vigilant et plus anxieux à s'occuper des enfants des autres (que dire aux parents s'il arrivait quelque chose par votre faute ?). Jeanne se sent frustrée, car elle a souvent le sentiment de n'être qu'utilisée. Elle est là pour « faire », alors que la mère n'a qu'à « être » pour remporter les honneurs.

Pour Caroline, la première difficulté est de gérer le quotidien, les tâches matérielles, le fait que les enfants s'investissent un minimum dans la vie de la famille. Cela ne se fait pas spontanément. Il faut demander tous les jours les mêmes choses. Le problème est que c'est Caroline qui demande, jamais leur père. Lui le justifie en disant qu'ils auront bien assez tôt à s'occuper de tout cela, qu'il faut les laisser tranquilles. Comme il fait tout à leur place, ce que dit Caroline n'a pas d'impact. Et comme elle est la seule à les solliciter, ils réagissent mal. Quand Stéphane était plus jeune, il disait que, n'étant pas sa mère, Caroline n'avait rien à lui imposer. « Tu n'es pas ma mère » : cette formule, toutes les marâtres doivent, un jour ou l'autre, l'affronter sans en être troublées.

L'année où Nathalie et Jean-Paul se sont

installés ensemble fut très dure pour Nathalie. Fatiguée par la naissance de Pablo, elle voulait quand même faire le mieux possible pour les trois autres. Elle n'osait donc pas les mettre à la cantine. Mais elle avait du mal à suivre. Le sac de linge sale avec lequel Loïc et Martial revenaient systématiquement de week-end ou de vacances la rendait littéralement folle. Aujourd'hui, elle pourrait appréhender les choses différemment puisque son fils a choisi d'aller vivre avec son père, mais elle continue d'agir avec ses deux beaux-fils comme si Arnaud était encore là : les enfants préfèrent rentrer à la maison le midi, alors elle s'occupe d'eux.

Car c'est vraiment leur maison, LA maison. Il y a « chez maman » et il y a « chez eux », avec leur père et leur belle-mère. Nathalie aurait pu se soulager en en faisant moins, mais elle ne peut pas. Elle ne se serait pas sentie bien de ne pas l'avoir fait. Elle a envie que les enfants soient à l'aise. Elle n'a pas l'impression d'en faire plus ou moins que si elle avait vécu seule avec Renaud. Elle est même fière, si le collège téléphone à la maison quand un garçon est malade et que Jean-Paul travaille, d'aller elle-même chercher Loïc ou Martial.

Être juste ?

Ce souci du « bien faire », ce souci d'égalité, culpabilise beaucoup la marâtre, d'autant plus lorsqu'elle est ou devient mère. Pourtant, dans une famille traditionnelle, on n'aime jamais deux enfants de la même façon. Pourquoi faudrait-il qu'il en soit autrement dans une famille recomposée ? C'est en acceptant les différences, plus évidentes encore entre ces enfants nés de parents différents, que la justesse (plus que la justice) peut être trouvée plus efficacement.

Ce qui ne laisse pas en paix Nathalie, c'est justement l'idée constante de faire des écarts de traitement par rapport à ses propres enfants, l'impression d'être moins « cool », tout en étant soucieuse de faire pareil pour tout le monde. Quelquefois, les enfants de l'un râlent à propos de l'injustice de l'autre. Cela culpabilise, ce qui n'est pas forcément une mauvaise chose tant que cela motive à se poser des questions. Les enfants peuvent avoir raison, car l'affectif n'est pas le même entre les siens et les autres. Nathalie ne sait comment sortir de ce dilemme. Mais plus les disparités cherchent à être gommées, plus la culpabilité augmente chez la belle-mère, et plus les enfants peuvent se sentir en compétition. La rivalité fraternelle, normale et nécessaire, doit pouvoir être reconnue et tolérée par les parents pour ne pas devenir une douleur enkystée chez l'enfant et perdurer jusqu'à l'âge adulte.

On sait que les enfants sont exclusifs. Ils ont souvent le sentiment d'en avoir moins que les autres, même si les parts du gâteau sont rigoureusement identiques. Vouloir faire régner une égalité parfaite dans un idéal de bonheur fraternel sans aspérité est une utopie et le moyen le plus sûr pour attiser la jalousie entre les enfants. Cette jalousie existera quoi que l'on tente pour l'éradiquer. Mieux vaut donc la reconnaître en admettant que les différences existent bel et bien entre les enfants et entre les relations qu'on peut établir avec eux en fonction de leur personnalité.

L'enfant n'est jamais dupe malgré tout le talent de certains adultes à vouloir cacher leurs véritables sentiments et aspirations. Chacun des enfants peut recevoir un amour qui lui est propre et incomparable à celui que reçoit tel ou tel autre. Dans les familles recomposées, plus que dans aucune autre sans doute, il faut valoriser la singularité et, en ce sens, proscrire l'idéal de justice.

Une mère « au rabais »

La marâtre peut s'acharner tant et plus à faire, bien et mieux, elle n'est pas la mère et ne le sera jamais. Cette réalité est corroborée par le fait que la belle-mère n'a pas d'existence légale.

Autrefois, quand Marine était petite, on a souvent pris Jeanne pour sa mère, et lorsque cela se passait en présence de François il corrigeait aussitôt. Jeanne comprenait qu'il le faisait avant tout pour sa fille, mais elle trouvait cela très dur. Pour elle, cela voulait dire qu'elle n'était pas à la hauteur, qu'elle ne pouvait pas être la mère de son enfant. Pendant longtemps, elle n'aima pas avoir à rectifier. Elle avait l'impression de perdre soudain du crédit auprès de son interlocuteur (le médecin par exemple, ou l'institutrice), comme si elle usurpait une place. Blessée, elle sentait qu'on la prenait pour une « mère au rabais », une « fausse mère », alors qu'elle remplissait bien cette fonction à temps plein. Il lui en coûtait d'avoir à se justifier en racontant à chaque fois pourquoi c'était elle qui s'occupait de telle ou telle chose à la place de la mère de l'enfant. Aujourd'hui, Jeanne aurait plutôt tendance à se faire une fierté d'être la belle-mère. Même si la valeur de la tâche n'est pas toujours reconnue par tout le monde, elle sait qu'elle n'a plus rien à prouver.

Reconnaissance

Mastrata, « marâtre » en latin, était le nom populaire donné au XIIe siècle à la seconde femme du père. Au XIIIe siècle, le sens a dérivé vers celui de « mauvaise mère », et c'est celui-ci qui prévaut encore aujourd'hui – le *Larousse* parle de « mère dénaturée, sans indulgence » –, alors que, dans les faits, on emploie volontiers, depuis le XVIe siècle, le terme de « belle-mère ».

Dans sa connotation péjorative, « marâtre » induit tout le combat à mener pour se faire accepter dans sa parentalité. En langue anglaise, on distingue d'ailleurs *stepmother*, qui correspond à belle-mère aussi bien pour la seconde épouse que pour la mère du conjoint, et *cruel mother* ou *unatural mother*, ces termes correspondant davantage à la traduction de « marâtre », pour ne désigner que la seconde femme du père des enfants.

Marâtres, belles-mères, mères d'accueil, mères de substitution, mères nourricières, co-mères (!), etc., il semble qu'aucun de ces termes ne satisfasse complètement ces femmes pour traduire leur implication et leurs sentiments « maternels ». Elles-mêmes ont du mal à trouver le bon substantif.

Un médecin s'occupant de Marine appela un jour Jeanne « la mère nourricière ». Celle-ci aime bien aussi « mère familière ». Elle pense avoir fini par trouver comment se situer, acceptant qu'être belle-mère est une place tout à fait particulière, mais que l'enfant a déjà une mère et que cela ne peut être elle. Pour lui montrer qu'elle a rempli la fonction, Marine, pour rire, signe quelquefois ses petits mots par « ta fillâtre, ou, pour faire plus court, ta fille ». Souvent, maintenant qu'elle est adolescente, elle l'appelle « belle-deuch », ce que Jeanne accepte avec amusement.

« Marâtre » : ce mot fait sourire Gabrielle, car les aînés, qui sont très affectueux avec elle, l'appellent « notre belle marâtre ». Nathalie, par contre, n'aime pas ce mot, « belle-mère », et encore moins « marâtre ». Il la fait trop penser aux contes qui évoquent des histoires terribles. Quant à Caroline, elle ne se sent pas belle-mère. Ce mot n'a pas de résonance pour elle. Elle a l'impression qu'on la voit comme l'aînée des enfants car son avis, en tant qu'adulte, ne compte pas lorsqu'elle se retrouve face à Jacques et à son ex-femme, lesquels persistent à ignorer qu'elle s'occupe de leurs enfants la moitié du temps. Ce qu'ils lui renvoient, c'est plutôt l'image d'une gêneuse dans leur éducation, sa présence dans les décisions éducatives mettant Jacques mal à l'aise. À l'évidence, Caroline n'a pas encore trouvé sa place de belle-mère.

À de nombreuses périodes de l'Histoire et dans de nombreux pays, pourtant, les femmes ont fait appel à des nourrices ou des mères de substitution pour élever leurs enfants. Chez les Romains, il était même possible de choisir (sans que cela soit une adoption) un enfant d'une autre famille, que l'on pouvait gâter, combler de cadeaux. Les femmes, nombreuses à utiliser ce droit, étaient appelées *mamma* et non pas *mater* afin de les distinguer de la mère biologique, en marge de la lignée[1]. En Afrique noire, le don d'enfant est extrêmement courant dès que l'enfant est sevré (entre deux et quatre ans). Les géniteurs, père et mère, choisissent un adulte qui l'élèvera jusqu'à l'âge du mariage. Ce don est tellement valorisé socialement qu'il représente pour la seconde mère une gratification immense, bien que lui incombe la lourde responsabilité du devenir de l'enfant qui viendra confirmer s'il a été bien ou mal élevé, cette

1. Y. Knibiehler, *Histoire des mères et de la maternité en Occident*, Paris, PUF, coll. « Que sais-je ? », 2000.

responsabilité n'étant plus du tout celle des géniteurs. En Angleterre, au Pays de Galles, au Danemark et aux Pays-Bas, les beaux-parents peuvent participer à l'exercice de l'autorité parentale. Ils bénéficient de droits et de devoirs légaux (qui ne retirent rien aux parents naturels) vis-à-vis de l'enfant dont ils s'occupent quotidiennement.

En France, à ce jour, il n'existe encore aucune valorisation sociale à prendre soin de l'enfant d'une autre – bien au contraire.

Le regard des autres

En fonction des histoires spécifiques de chaque famille et de la place qu'occupe la belle-mère dans une famille recomposée, on constate la difficulté de chacune à assumer cette place par manque de reconnaissance sociale et, parfois, familiale. Le regard des autres compte beaucoup dans celui que les marâtres peuvent avoir sur elles-mêmes par rapport à leur fonction.

La mère de Jeanne a tout de suite accepté la fillette comme sa vraie petite-fille. Jeanne en a été très touchée, et plus encore par la qualité du lien qui s'est créé entre elles deux, dans les deux sens. Marine considère ces grands-parents-là comme les siens, ce qui renforce le sentiment de famille. Jeanne n'aimerait pas se sentir perçue comme une victime domestique du fait d'une présence supplémentaire, « non naturelle », ce qui arrive fréquemment dans l'appréciation que peuvent avoir les parents de la belle-mère, de la place et du rôle de leur fille dans la recomposition.

Dans la famille de François toutefois, malgré les liens chaleureux qu'elle apprécie, Jeanne ne sait toujours pas si sa place de belle-mère est véritablement légitimée. Tous se sont sentis très tôt investis d'une responsabilité pour pallier l'absence de la mère de Marine et la difficulté de François à se retrouver seul avec un bébé, au moins pendant le temps des vacances. De fait, Jeanne n'a pas le sentiment d'être véritablement une référence pour Marine dans sa famille « de sang », l'enfant changeant de comportement à l'égard de sa belle-mère, ce que Jeanne dit ou décide pour elle n'ayant plus autant d'évidence pour Marine qu'à la maison, car c'est la plupart du temps la famille dans son ensemble qui fait autorité. Mais Jeanne ne peut en vouloir à personne de ne pas avoir vu ou senti certaines de ses difficultés. Chacun s'arrange comme il peut avec la complexité de la situation.

D'une manière générale, l'attitude des personnes extérieures est systématiquement de protéger l'enfant de sa marâtre, qui représente pour tous « celle qui n'est là que pour frustrer ou punir ». Impossible de lutter ! Ceux qui entourent ces familles recomposées, comme ils n'ont pas le même degré d'implication que le nouveau couple, ne se posent pas tant de questions : ils vivent les choses depuis leur place, selon leur point de vue, que cela serve le couple ou le desserve par la suite. Les gens qui ne sont pas à la place de ces parents-là ne peuvent pas se douter de tout ce qu'il faut mobiliser comme énergie pour exister en tant que famille. Nathalie rapporte ainsi que, lorsqu'ils se promènent, elle s'imagine qu'on les voit comme une vraie famille. Quand on leur demande combien ils ont d'enfants, ils répondent quatre. Mais quand il faut expliquer leur situation, les gens sont toujours surpris que Jean-Paul ait la garde de ses fils. Ils pensent souvent qu'ils ne sont pas là en permanence. Il n'est pas encore entré dans les mœurs que des enfants puissent vivre avec leur père plutôt qu'avec leur mère.

Caroline ne sait pas comment les gens les perçoivent, mais elle imagine que ce n'est pas comme une famille. Sa famille à elle, d'ailleurs, ce sont toujours ses parents, son enfant à présent, mais ni Jacques ni ses enfants à lui. Elle n'a pas encore réussi à « décloisonner » leur recomposition.

Jeanne, quant à elle, a renoncé à essayer de faire passer sa famille aux yeux des autres pour une famille « traditionnelle ». Ils sont tous trop disparates. L'important pour elle est qu'ils se considèrent eux-mêmes comme une famille, parce que les enfants, ainsi que François et Jeanne d'ailleurs, ont besoin de ce repère. Un « noyau » leur est nécessaire, à partir duquel les enfants font des allées et venues, certes plus souvent que les autres, mais c'est pour cela qu'il leur faut garder « l'esprit de famille » sans pour autant sacraliser la famille.

Clandestine

La carence de reconnaissance juridique génère une évidente ambivalence dans notre société. D'un côté, lorsque la décision a été prise de faire vie commune, soit une semaine sur deux pour certaines familles, soit à temps complet pour de plus rares, il n'est plus question pour la marâtre de « jouer à la maman » pendant quelques heures de loisir. Il faut répondre à des sentiments, à des attentes, à des responsabilités. Au travail psychique de « belle-maternité », aux réactions de l'enfant qu'il faut appréhender, à l'éducation qu'il faut donner, s'ajoute le travail du quotidien, de la maison [1]. Alors qu'une mère finit par s'y habituer, à mesure que son enfant grandit, une marâtre se transforme quelquefois sans transition en « cantinière », et on attend d'elle qu'elle se montre à la hauteur de la tâche.

D'un autre côté, dans les tribunaux, beaucoup de chemin reste à faire pour que les mentalités évoluent et permettent aux familles recomposées un quotidien moins difficile à gérer, grâce à un équilibre dans l'implication des belles-mères (des beaux-parents en général) et des parents. Les juges devraient penser que ceux qui ont le plus besoin d'être aidés sont ceux qui se chargent de l'éducation de l'enfant, même s'il convient de faire en sorte que l'autre parent reste, autant que possible, concerné. Or, on constate fréquemment une déresponsabilisation du rôle de parent chez ceux qui justement sont les plus défaillants, et un non-respect de tout ce que peut assumer un beau-parent, comme un « invisible », un « inexistant », un « clandestin » vis-à-vis des

1. Malheureusement, comme le rappelle Sylvie Cadolle, les femmes ont encore le quasi-monopole des tâches familiales. Voir *Être parent, être beau-parent*, Paris, Odile Jacob, 2000.

institutions, alors que c'est justement le droit qui pourrait lui permettre « d'être » au lieu de se contenter de le laisser « faire ».

Il semble pourtant évident que l'environnement de l'enfant dans son quotidien doit être protégé en premier lieu, et que l'autre parent, homme ou femme, doit continuer d'être garant des besoins de l'enfant. Ceux qui « mouillent leur chemise » au quotidien ne doivent pas être exclus des décisions de justice comme s'ils n'existaient pas (sauf quand ils doivent fournir leur bulletin de salaire pour apprécier les revenus du foyer !). Il faut leur donner droit à la parole, car les enfants les premiers subissent les contrecoups de jugements injustes.

Justice

Nathalie ne sait pas de qui il faut attendre une valorisation de son rôle. Depuis qu'ils sont partis vivre en province, la mère des garçons a voulu que Jean-Paul repasse devant le tribunal pour réajuster la pension alimentaire. Elle ne donnait déjà pas beaucoup, mais le juge a estimé qu'elle verserait dorénavant encore moins car les enfants ont à faire un voyage sur deux en avion à ses frais. Ce qui n'a pas été pris en compte, c'est que le nouveau couple doit lui aussi payer un voyage sur deux, qu'il y a un enfant de plus maintenant, et que les revenus ont baissé. Jean-Paul et Nathalie ont du mal à joindre les deux bouts, alors que l'ex-femme peut se payer des voyages avec son ami quand elle veut, n'étant contrainte ni par le manque d'argent ni par les impératifs scolaires des garçons.

Aujourd'hui encore, il semble difficile à la justice d'admettre qu'une femme qui n'élève pas ses enfants paye une pension alimentaire, comme c'est toujours le cas dans l'autre sens. Il arrive que le parent non gardien – en l'occurrence la mère – en soit dispensé, alors que la belle-mère est tenue non seulement de s'occuper des enfants qui ne sont pas les siens, mais aussi de travailler pour assurer avec le père les besoins du foyer. Or si par conscience la belle-mère assume des devoirs – non légaux – vis-à-vis d'un enfant, ce dernier n'aura aucun devoir futur vis-à-vis de celle qui l'aura élevé.

Il se trouve par ailleurs que si le nouveau couple « fait les frais » littéralement de certaines décisions de justice, symboliquement et réellement c'est aussi l'enfant qui en pâtit, par exemple lorsqu'on autorise, dans un tribunal, son parent à ne plus assumer une part de ses besoins. L'argent, s'il est parfois symbolique, doit rester autant que possible réel. Les besoins d'éducation d'un enfant sont réels, ils doivent être calculés, bien que l'argent ne puisse remplacer ni le temps, ni l'attention, ni l'investissement que doivent lui offrir ses deux parents.

La juge aux affaires familiales n'a pas tenu compte de la réalité des situations respectives entre François et son ex-femme : elle a tranché arbitrairement en faveur de la mère de Marine, qui s'est vue ne pas avoir de pension à payer pour sa fille et ne pas avoir à la prendre plus d'un jour et demi tous les quinze jours. Le fait qu'elle ne la reçoive également qu'une seule semaine par an en vacances est passé totalement inaperçu. Pourquoi est-ce que les besoins de sa fille ne devraient plus l'intéresser à partir du moment où elle ne s'en occupe plus au quotidien ? Jeanne a été très choquée de voir qu'il existait encore des juges en faveur systématique de la mère, et ce, même si c'est en définitive au détriment de l'enfant. Elle a de la même façon entendu une psychologue dire qu'elle ne recevait pas les beaux-parents qui accompagnent un enfant en consultation, mais seulement ses parents biologiques ! Quel mépris envers les beaux-parents, mais aussi envers l'enfant, pour qui la belle-mère ou le beau-père qui l'élèvent comptent rarement « pour du beurre » !

Aujourd'hui, rien n'indiffère Jeanne en ce qui concerne Marine. Elle se sent responsable d'elle comme de ses propres enfants. Elle la compte d'ailleurs officiellement parmi eux. S'il arrivait quelque chose à son mari, elle souhaiterait que Marine reste vivre avec elle. Mais vis-à-vis de la justice, elle n'en aurait pas le droit si sa mère s'y opposait.

Dons et dettes

Lorsque la « justesse » des investissements affectifs et matériels finit, au bout d'un certain temps d'expérience, par s'imposer sensiblement, le jeune couple, dans l'éducation qu'il tente de donner aux enfants, peut se trouver confronté à un nouveau problème lié à la façon que l'autre parent a de déstabiliser, sans le vouloir (ou pas), les règles de la maison pourtant si nécessaires à l'équilibre de chacun.

Le sentiment de culpabilité, une fois encore, se matérialise, pour la mère, en la façon de gâter l'enfant qui ne vit pas avec elle, s'assurant ainsi de son amour par des cadeaux et neutralisant chez lui tout reproche qu'il pourrait lui adresser (manque de temps, manque d'intérêt). De tels « cadeaux » clouent le bec aux enfants, qui ne peuvent plus se permettre de faire des critiques à leurs parents défaillants.

Marine rentre de chez sa mère chaque week-end, les sacs pleins, le porte-monnaie rebondi. À son âge, elle a déjà plus d'argent de poche que Niels, qui est de six ans son aîné. Les autres enfants sont loin d'avoir autant de gadgets et autres vêtements. Les cadeaux sont réservés pour les grandes occasions : les anniversaires et Noël. Comment lutter contre une telle différence ? En inculquant aux enfants des valeurs qui ne soient pas marchandes – et pour le reste, en espérant que Marine ne souffre pas un jour de réaliser que l'amour ni le temps ne s'achètent, qu'il ne suffit pas d'être « gâté » pour se sentir aimé, et qu'elle-même ne pourra se contenter de cela plus tard dans ses relations.

Mais la comparaison, à laquelle cèdent souvent les enfants, est inégale. D'un côté, une mère qui gâte, et quelquefois gave, pour combler son absence ; de l'autre, une marâtre dont la présence et l'énergie dépensée au service des enfants de l'autre sont totalement gratuites, totalement dépourvues d'intérêt. L'attention désintéressée de la belle-mère pour l'enfant ne peut se comparer aux objets accumulés sur une étagère, aux vêtements dernier cri dans les armoires, aux gadgets les plus récents. Contrairement au récit qu'en font les contes et malgré tous les sentiments que la situation exacerbe, c'est une générosité à l'état brut, sans retour, dont font preuve les marâtres.

Si la plupart des mères restent conscientes de leur « devoir » de parent même lorsqu'elles n'ont plus à l'assumer à temps complet, d'autres ont une attitude très ambivalente : elles optent de plein gré pour le domicile de l'enfant chez le père, mais tout est mis en place pour ne pas risquer de perdre l'amour de leur enfant en préservant leur propre image de mère idéale. Pour y parvenir, il est sans doute préférable de se mettre en position de victime, de mère lésée, dépossédée de son bien le plus précieux : sa progéniture.

Si l'ordinaire de tout parent est d'aimer et d'éduquer – ce que chacun tâche de faire avec plus ou moins de réussite –, ces mères-là ne se sentent pas en mesure de prendre le risque, que comporte toute éducation, de se sentir moins aimées. Déchargées par la belle-mère de cette mission, LA mère n'aura d'autre fonction auprès de son enfant que de l'aimer pour être aimée en retour. Elle n'imagine pas qu'on puisse lui demander de payer une pension alimentaire puisqu'on l'a déjà « sacrifiée » en lui « enlevant » son enfant.

Certaines pensent avoir en quelque sorte fait « don » de leur enfant. Il s'agit d'un fantasme et l'on peut s'interroger : quelle dette ont-elles à payer, et à qui ? S'agit-il par exemple du don de l'enfant à l'homme qu'on a quitté ? Du don à une autre femme pour éviter une filiation féminine dangereuse quand la mère n'est pas réconciliée avec sa propre mère[1] ? Une fille s'acquitte de sa dette de vie envers sa mère en devenant elle-même mère. Cautionner le départ de son enfant dans un autre foyer, sans renoncer pour autant à son statut, serait-il un moyen détourné d'éviter de reconnaître cette dette quand la haine de sa propre mère est trop forte pour une femme, et ainsi, comme le dit Monique Bydlowski, éviter le sentiment d'une gratitude qu'il faudrait reconnaître ?

Renoncements

Quoi qu'il en soit, les mères ont, elles aussi, à faire un travail de renoncement, tant auprès de leur ex-mari qu'auprès de l'enfant qu'elles partagent avec une autre. Car, parfois, c'est bien cette incapacité à

1. M. Bydlowski, *La Dette de vie*, Paris, PUF, 1997. « Le don de la vie, à la fois promesse d'immortalité et de mort, induirait qu'une dette circule de mère à fille. »

« partager » l'enfant avec le conjoint qui les a menées au divorce.

La marâtre, elle, fait le chemin inverse. Si la mère se doit de faire son deuil d'un nom, celui de son ex-mari, et de récupérer le sien propre, la légitimité du lien entre la belle-mère et les beaux-enfants peut trouver appui sur le « nom de famille », à défaut d'autres mesures. En portant le nom du conjoint et des enfants de celui-ci, la marâtre « entre » dans la famille. Le mariage et le changement d'état civil facilitent ainsi la vie des belles-mères, mais celles-ci peuvent se retrouver devant la difficulté que recouvre symboliquement l'utilisation du nouveau nom de famille. Certaines femmes ne peuvent d'ailleurs se résoudre à le changer, lorsque celui-ci est encore trop investi d'une histoire mal résolue, ou qu'il implique une trop grande déchirure, inassumable.

Au mariage de Jeanne et François, leurs enfants « portaient la traîne ». En perdant son nom de jeune fille, Jeanne prit celui de son mari, de leur fils, de sa belle-fille, mais son fils aîné devint le seul de la maisonnée à porter un autre nom. Trahison ? C'est comme si la vie de famille recomposée confrontait régulièrement Jeanne à des dilemmes : elle prend à l'un ce qu'elle donne à l'autre. Son nouveau nom de famille semble lui dire qu'elle devient un peu moins mère de son fils, et un peu plus mère de sa belle-fille. Du reste, à présent, plus personne ne lui demande des comptes quand il faut l'inscrire à la cantine, acheter un billet d'avion, voter pour l'élection des parents d'élèves. Personne ne remarque qu'elle n'est pas vraiment la mère de Marine. On l'interroge davantage sur le lien de parenté qui l'unit à son propre fils, ce qui blesse celui-ci à chaque fois.

Cette histoire de nom est un vrai déchirement pour Marie-Laure. Jean-Louis et elle ne sont pas mariés. En divorçant, Marie-Laure a conservé le nom de son ex-mari parce qu'elle voulait continuer de porter le même nom que ses enfants. Quand Félix est né, il a évidemment porté le nom de Jean-Louis, mais Marie-Laure avait très envie de lui donner le nom qu'elle porte, accolé à celui de son père, or cela devenait complètement absurde puisque c'est le nom du père de ses premiers enfants ! Marie-Laure estime que son ex-mari et elle sont comme de la même famille maintenant, ils ne peuvent pas être des étrangers même s'il n'y a plus de rapports amoureux entre eux. Cela explique peut-être qu'elle n'ait pas renoncé à son nom, mais dans ce cas de figure on imagine aisément les tourments que doit éprouver à son tour la nouvelle femme de son ex-mari !

La question du nom évoque également la transmission, l'héritage, qu'il soit symbolique ou matériel. Si la reconnaissance de cette nouvelle forme de parentalité demande à être affirmée jour après jour, la transmission demeure pour beaucoup un problème dont on ose peu parler.

Avec le mariage, pense Nathalie, on s'engage aussi vis-à-vis des beaux-enfants, même si juridiquement cela ne change rien au statut de la marâtre. Cette histoire de droit, de devoir, de transmission et d'héritage n'est pas si claire. Il y a peu de temps que Jeanne se sent mieux avec tout cela, déculpabilisée. En premier lieu, elle a le sentiment d'avoir transmis à Marine ce qu'elle sait, ce qu'elle est, certains désirs, certains goûts. Matériellement parlant, tout ce que le couple a en commun aujourd'hui et ce qui a fait l'environnement de leurs enfants pendant qu'ils grandissaient seront leurs biens à tous, parce que cela fait partie de leur histoire. Mais par ailleurs Jeanne conçoit tout à fait que si François ou elle reçoivent un héritage familial, chacun de leur côté, il soit transmis à leurs enfants respectifs. Chacun des enfants a un père et une mère biologiques, il n'y a donc pas d'inégalité à ce niveau. Chacun a un héritage personnel (les racines, l'histoire des parents) d'où découle éventuellement un patrimoine, et un héritage commun (son vécu à lui dans la famille recomposée, ce qui l'a fait grandir) qui peut générer un patrimoine constitué par le nouveau couple.

Chaque famille doit pouvoir trouver l'arrangement avec lequel elle se sent le plus en accord. Mais pour cela, la législation doit suivre également en donnant un certain nombre de choix à ses membres.

CONCLUSION

Nous l'avons vu, les petites filles rêvent d'être maman, jamais d'être marâtre. La vie n'est faite que d'une succession de renoncements, tels des deuils plus ou moins importants. En devenant marâtre, une femme, même si elle est mère elle aussi, doit renoncer à la place de cette mère-là pour ces enfants-là. Cette place, je l'ai dit, elle ne l'avait ni rêvée ni imaginée, ne se l'était jamais représentée. Il lui faut l'inventer, en renonçant aussi à être la première, l'unique dans la vie de l'être aimé, et la seule à lui donner un ou plusieurs enfants.

Accepter, parce qu'il le faut bien, d'être seulement un « second choix », même si le premier s'est soldé par un échec. On n'insistera jamais assez sur le rôle du père et mari dans la création de la place de la marâtre. De même qu'à la naissance d'un enfant, le père favorise un environnement serein pour permettre dans un premier temps à la mère une disponibilité indispensable à l'épanouissement du bébé, de même, dans son nouveau couple, c'est lui qui peut permettre que des liens de qualité se tissent entre sa nouvelle femme et son ou ses enfants. Si cette place lui est faite, comme il se doit, loin de la harpie malveillante des contes de fées, la marâtre des familles d'aujourd'hui peut être une chance pour l'enfant.

Lorsque la famille se recompose après les souffrances d'un divorce ou d'une séparation, même si le chemin est semé d'embûches, il est quelquefois tout à fait bénéfique de faire l'expérience d'un autre regard sur la vie. Avec la belle-mère, c'est un autre différent qui permet une distance, une respiration quand les attentes parentales se font trop lourdes, quand les défaillances maternelles ont besoin d'être compensées, quand la dépendance envers la mère est trop forte.

La prise en compte de ces nouvelles « coparentalités » doit nous faire penser l'éducation d'un enfant en d'autres termes que celui d'appartenance biologique à ses géniteurs.

BIBLIOGRAPHIE

BETTELHEIM B., *Psychanalyse des contes de fées*, Paris, Robert Laffont, 1976.

BYDLOWSKI M., *La Dette de vie*, Paris, PUF, 1997.

CADOLLE S., *Être parent, être beau-parent*, Paris, Odile Jacob, 2000.

CYRULNICK B., *Les Nourritures affectives*, Paris, Poche Odile Jacob, 2002.

DAVID H., LAFLAMME V., « La femme a-mère : maternité psychique de la marâtre », *Revue française de Psychanalyse*, LXVI, 2002.

DEUTSCH H., *La Psychologie des femmes*, Paris, PUF, 1987.

FERENCZI S., *Confusion de langue entre les adultes et l'enfant*, Paris, Payot, coll. « Petite Bibliothèque Payot », 2004.

HÉRITIER F., *Les Deux Sœurs et leur mère*, Paris, Odile Jacob, 1997.

KNIBIELHER Y., *Histoire des mères et de la*

maternité en Occident, Paris, PUF, coll. « Que sais-je ? », 2000.

LAPLANCHE J., PONTALIS J.-B., *Vocabulaire de la psychanalyse*, Paris, PUF, 1967.

VARGAS LLOSA M., *Éloge de la marâtre*, Paris, Gallimard, 1990.

WINNICOTT D.W., *De la pédiatrie à la psychanalyse*, Paris, Payot, 1969.

WINNICOTT D.W., *Conseils aux parents*, Paris, Payot, 1995.

SCHÉMAS DES FAMILLES RECOMPOSÉES

1. La famille de Jeanne et François

Jeanne est la mère de deux fils : Niels, né d'une première union ; et Émile, né de son nouveau couple avec François. Elle est également belle-mère : à temps complet, d'une fille, Marine, née du précédent mariage de François ; et le week-end, d'un garçon, Pierre, né d'une union éphémère entre François et une femme avec laquelle il n'a jamais vécu (Pierre n'a été connu de François et de Jeanne que lorsqu'il avait déjà onze ans). François est aussi le beau-père de Joseph, fils de sa première épouse, que le nouveau couple a continué de prendre les week-ends et une partie des vacances pendant plusieurs années pour ne pas séparer Marine de son demi-frère.

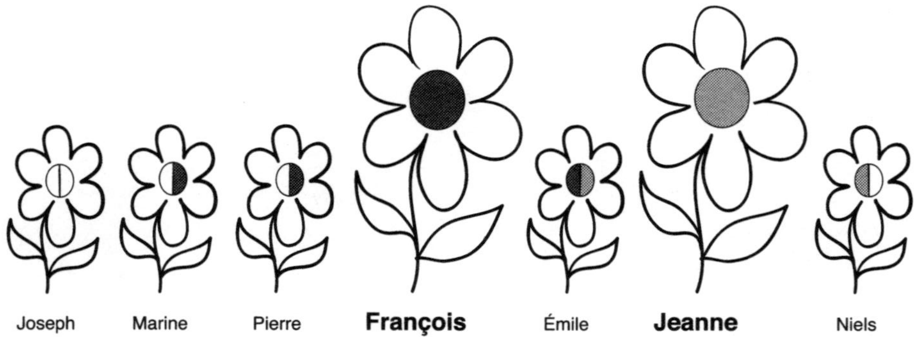

2. La famille de Marie-Laure et Jean-Louis

Marie-Laure est la mère d'un garçon, Simon, et d'une fille, Anna, nés d'un précédent mariage. Elle est également la belle-mère en garde alternée d'Angèle, Corentin et Maxime, les enfants du précédent mariage de Jean-Louis. Elle est enfin la mère d'un petit garçon, Félix, né du nouveau couple.

3. La famille de Nathalie et Jean-Paul

Nathalie est la mère d'un garçon, Renaud, né de son précédent mariage et vivant chez son père. Elle est la belle-mère à temps complet de Loïc et Martial, les enfants de la première union de Jean-Paul. Et elle est la mère d'un petit garçon, Pablo, né du nouveau couple.

4. La famille de Caroline et Jacques

Caroline est belle-mère en garde alternée d'une fille, Pauline, et d'un garçon, Stéphane, nés du premier mariage de Jacques. Elle est également mère d'un petit garçon, Arthur, né du nouveau couple.

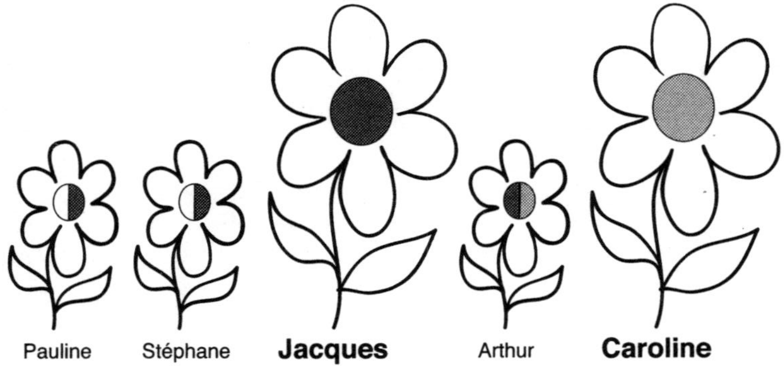

5. La famille de Gabrielle et Jean

Gabrielle est en couple avec Jean. Elle est belle-mère « à la carte » de Jonas et Rémi, nés de la première union de Jean, et belle-mère en garde alternée de Julien, né de la seconde union de Jean. Elle est aussi mère d'Aurélie et d'Eddy, nés du nouveau couple.

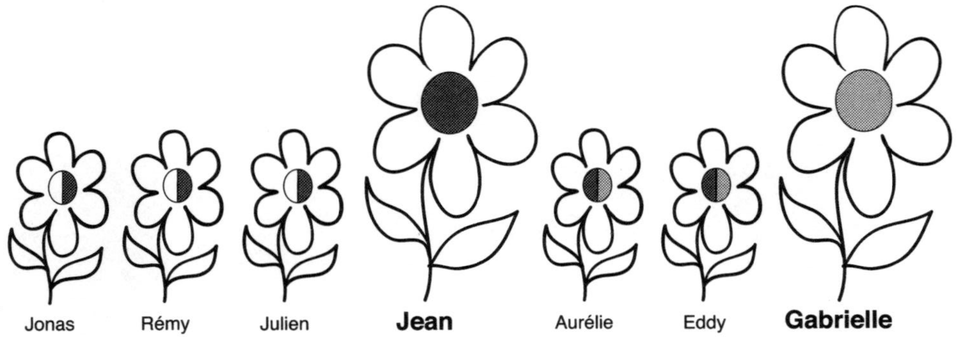

TABLE

Achevé d'imprimer par Corlet, Imprimeur, S.A. - 14110 Condé-sur-Noireau
N° d'Imprimeur : 79194 - Dépôt légal : août 2004 - *Imprimé en France*